NEIL GAIMAN

NORDISCHE MYTHEN UND SAGEN

Weitere Titel des Autors:

Niemalsland
Sternwanderer
American Gods
Anansi Boys
Der Ozean am Ende der Straße

Titel auch als Hörbuch erhältlich

NEIL GAIMAN

NORDISCHE MYTHEN UND SAGEN

ILLUSTRATIONEN VON
LEVI PINFOLD

Aus dem Englischen von
André Mumot

eichborn

Eichborn Verlag

Titel der amerikanischen Originalausgabe:
»Norse Mythology«

Textredaktion: Hanka Leò, Berlin
Satz: Helmut Schaffer Hofheim a. Ts.
Gesetzt aus der Cochin LT

Printed in China
ISBN 978-3-8479-0196-9

5 4 3 2 1

Sie finden uns im Internet unter: www.eichborn.de

FÜR EVERETT,
Alte Geschichten
für einen neuen Jungen.
Neil Gaiman

FÜR CARLY,
ZEL UND JESSE.
Vorher, anfangs, danach und immer wieder von vorn.
Levi Pinfold

INHALT

EINLEITUNG

Sich zwischen den vielen Mythen aus aller Welt zu entscheiden ist nicht weniger schwer, als zwischen den verschiedenen Küchen der Welt zu wählen. (An manchen Abenden bevorzugt man vielleicht thailändisches Essen, an anderen Sushi, und an wieder anderen Abenden hat man Heißhunger auf die Hausmannskost, mit der man aufgewachsen ist.) Doch wenn ich mich entscheiden müsste, wären es wohl die nordischen Mythen und Sagen.

Meine erste Begegnung mit Asgard und seinen Bewohnern hatte ich als kleiner Junge. Mit gerade mal sieben Jahren las ich die Abenteuer des Mighty Thor, wie sie vom amerikanischen Comickünstler Jack Kirby dargestellt wurden, in Geschichten, die Kirby und Stan Lee entwickelt hatten und deren Dialoge von Stan Lees Bruder, Larry Lieber, geschrieben worden waren. Kirbys Thor war mächtig und gut aussehend, sein Asgard eine hoch aufragende Science-Fiction-Stadt voller beeindruckender Gebäude und bedrohlicher Bauwerke. Sein Odin war weise und edel, sein Loki ein sardonisches Geschöpf samt Helm mit Hörnern und die Bösartigkeit in Person. Ich liebte Kirbys blonden, hammerschwingenden Thor und ich wollte mehr über ihn erfahren.

Ich lieh mir eine Ausgabe der Myths of the Norsemen von Roger Lancelyn Green und las sie wieder und wieder, begeistert und zugleich verblüfft: In seiner Darstellung war Asgard keine kirbyesque Zukunftsstadt, sondern eine Wikingerstätte, eine Ansammlung von Bauwerken weit draußen in den Eiswüsten. Odin, der Allvater, war nicht edel, weise und aufbrausend, sondern überaus klug, undurchschaubar und gefährlich; Thor war ebenso stark wie der Mighty Thor aus den Comics, sein Hammer ebenso mächtig, aber er war ... nun, um ehrlich zu sein, nicht gerade der Hellste unter den Göttern. Und Loki war keineswegs böse, auch wenn er gewiss nicht für das Gute kämpfte. Loki war ... kompliziert.

Zudem erfuhr ich, dass zu den Sagen um die nordischen Götter ihr eigener Weltuntergang gehörte: Ragnarök, die Götterdämmerung, das Ende von allem. Die Götter würden gegen die Reifriesen kämpfen, und sie würden alle sterben.

Hatten sich die Ragnarök, die letzten Tage, bereits ereignet? Würden sie noch kommen? Ich wusste es nicht. Und ich bin mir auch heute nicht sicher.

Die Tatsache, dass diese Welt und ihre Geschichten enden würden, und die Art, wie sie eines Tages enden und neu entstehen sollten, machte die Götter und die Riesen und alle anderen Figuren zu tragischen Helden und zu tragischen Schurken. Die Ragnarök sorgten dafür, dass die Welt der nordischen Mythen in meinem Kopf blieb, dass sie mir seltsam gegenwärtig und aktuell vorkam, während sich andere, besser dokumentierte Göttersagen anfühlten, als gehörten sie gänzlich der Vergangenheit an.

Die nordischen Mythen sind Geschichten aus einer kalten Welt mit langen, langen Winternächten und endlosen Sommertagen. Es sind Sagen, die von Menschen stammen, die ihren Göttern nicht über den Weg trauten, sie nicht einmal wirklich mochten, auch wenn sie sie respektierten und fürchteten. Soweit wir wissen, entstanden die Götter Asgards ursprünglich bei den Germanen, verbreiteten sich nach Skandinavien und schwappten auf den Teil der Welt über, der von den Wikingern beherrscht wurde – nach Orkney und Schottland, Irland und den Norden Englands –, wo die Eroberer Orte hinterließen, die nach Thor und Odin benannt sind. Im Englischen prägten Götternamen die Wochentage Tuesday, Wednesday, Thursday und Friday. Hier findet man Tyr, den Einhändigen (Odins Sohn), Odin, Thor und Frigg, die Königin der Götter.

Die Spuren älterer Mythen und älterer Religionen entdecken wir in den sagenhaften Schilderungen des Krieges zwischen den Vanen und Asen. Die Vanen scheinen Naturgötter gewesen zu sein, Brüder und Schwestern, weniger kriegerisch, aber womöglich nicht weniger gefährlich als die Asen.

Es ist sehr wahrscheinlich, oder zumindest eine plausible Annahme, dass es einzelne Stämme gab, die die Vanen angebetet haben, und andere, die die Asen verehrten, und dass die Asen-Anbeter das Land der Vanen-Anbeter eroberten, woraufhin sie sie sich annäherten und einander Platz einräumten. Götter der Vanen, wie die Geschwister Freyja und Frey, lebten in Asgard bei den Asen. Geschichte, Religion und Mythos verbinden sich, und wir können nur mutmaßen und kombinieren wie Detektive, die die Einzelheiten eines lange vergessenen Verbrechens rekonstruieren.

Es gibt so viele Geschichten, die uns fehlen, so vieles, was wir nicht wissen. Geblieben sind nur einige Mythen, die sich in Form von Volkssagen in unsere Welt hinübergerettet haben, als Nacherzählungen in Versen und in Prosa. Sie wurden aufgeschrieben, nachdem das Christentum die Anbetung der nordischen Götter abgelöst hatte, und manche der Geschichten sind nur deshalb überliefert worden, weil man fürchtete, dass einige der Kenningar – bildliche Beschreibungen, die sich auf Ereignisse in bestimmten Mythen beziehen – bedeutungslos würden, wenn sie der Nachwelt nicht erhalten blieben. Sprach man zum Beispiel von Freyjas Tränen, war dies eine poetische Umschreibung für Gold. In einigen Versionen wurden die nordischen Götter als Männer oder als Könige oder als alte Helden bezeichnet, sodass man sie auch in einer christlichen Welt erzählen konnte. Manche Geschichten, manche Gedichte spielen jedoch auf Geschichten an, die uns schlicht nicht bekannt sind.

Das ist ein wenig so, als wären uns von den griechischen und römischen Göttern und Halbgöttern lediglich die Taten von Theseus und Herkules erhalten geblieben.

Wir haben so viel verloren.

So gibt es viele nordische Göttinnen. Wir kennen ihre Namen und einige ihrer Attribute und besonderen Kräfte, aber ihre Geschichten, Sagen und Rituale sind uns nicht überliefert worden. Ich wünschte, ich könnte die Geschichte von Eir nacherzählen, denn sie war die Ärztin der Götter, oder die von Lofn der Milden, die eine nordische Göttin der Ehe war, oder die von Sjöfn, einer Göttin der Liebe. Von Var ganz zu schweigen, der Göttin der Weisheit. Ich kann mir ihre Geschichten vorstellen, aber erzählen kann ich sie nicht. Sie sind verloren gegangen, verbrannt oder vergessen.

Ich habe mein Bestes getan, um diese Mythen und Geschichten so getreu wie möglich nachzuerzählen – und so interessant wie möglich.

Manchmal widersprechen sich einzelne Details der Geschichten, trotzdem hoffe ich, dass sie das Bild einer Welt und einer Zeit entwerfen. Beim Nacherzählen habe ich versucht, mich selbst in eine längst vergangene Zeit zurückzuversetzen, in Länder, in denen diese Geschichten zum ersten Mal erzählt wurden. Ich stellte mir lange Winternächte vor, vielleicht unter dem Schein der Nordlichter, und wie man während der frühen Morgenstunden beieinandersaß, wach im unendlichen Licht des Mittsommers, mit einem Publikum, das wissen wollte, was Thor noch alles getan habe und was es mit dem Regenbogen auf sich habe, wie man sein Leben leben solle und wo schlechte Poesie herkomme.

Einleitung

Als ich die Geschichten beendet hatte und sie nacheinander las, stellte ich überrascht fest, dass sie sich anfühlten wie eine Reise – vom Feuer und Eis, mit dem die Schöpfung ihren Anfang nimmt, bis zu dem Feuer und Eis, in dem die Welt endet. Auf dem Weg begegnen uns Gestalten, die wir bereits kennen, wie Loki und Thor und Odin, und andere, von denen wir gerne viel mehr erfahren würden. (Meine Lieblingsfigur etwa ist Angrboda, Lokis Frau unter den Riesen, die seine monströsen Kinder zur Welt bringt und die in Geistergestalt auftritt, nachdem Balder getötet wurde.)

Ich wagte es nicht, noch einmal die Bücher derjenigen zu lesen, die die nordischen Mythen vor mir nacherzählt haben und deren Werk ich so geliebt habe; Bücher von Roger Lancelyn Green und Kevin Crossley-Holland. Stattdessen verbrachte ich meine Zeit mit vielen verschiedenen Übersetzungen von Snorri Sturlusons Prosa-Edda und den Versen der Lieder-Edda; mit mehr als neunhundert Jahre alten Worten. Aus ihnen wählte ich die Sagen, die ich nacherzählen wollte, und die Art, wie ich sie nacherzählen wollte, wobei ich verschiedene Versionen der Mythen aus beiden Fassungen miteinander verband. (Thors Besuch bei Hymir zum Beispiel ist, so wie ich ihn hier erzähle, ein Hybrid; die Geschichte beginnt wie in der Lieder-Edda, fügt dann aber Einzelheiten von Thors abenteuerlichem Fischzug aus der Snorri-Fassung hinzu.)

Meine inzwischen stark in Mitleidenschaft gezogene Ausgabe des Lexikons der germanischen Mythologie von Rudolf Simek, in der Übersetzung von Angela Hall, wurde unentwegt benutzt und erwies sich als unschätzbar wertvoll, augenöffnend und informativ.

Großer Dank gilt meiner alten Freundin Alisa Kwitney für ihre Assistenz. Sie war ein großartiger Resonanzboden, hatte stets eine klare Meinung, war geradeheraus, hilfreich, vernünftig und clever. Sie hat dafür gesorgt, dass dieses Buch geschrieben wurde, vor allem weil sie immer noch eine Geschichte lesen wollte, und sie half mir dabei, die Zeit dafür zu finden, immer noch eine weitere zu schreiben. Ich bin ihr unglaublich dankbar. Dank auch an Stephanie Monteith, deren Kenntnisse über die nordischen Mythen enorm sind, und deren Adleraugen vieles aufgefallen ist. Ebenfalls gilt mein Dank Amy Cherry von meinem Verlag, die bei einem Mittagessen an meinem Geburtstag vor acht Jahren meinte, ich würde doch vielleicht gern Sagen nacherzählen, und die, alles in allem, die geduldigste Lektorin der Welt gewesen ist.

Alle Fehler, voreiligen Schlüsse und merkwürdigen Interpretationen in diesem Buch gehen auf mich und nur auf mich zurück, und ich möchte nicht, dass irgendjemand anderem dafür die Schuld gegeben wird. Ich hoffe, dass ich diese Geschichten redlich wiedergegeben habe, obwohl ich sie mit viel Freude und Kreativität nacherzähle.

Denn genau das ist das Großartige an den Mythen: Die eigentliche Freude entsteht, wenn man sie selbst nacherzählt – etwas, was ich euch, die ihr dies lest, wärmstens ans Herz lege. Lest die Geschichten in diesem Buch und macht sie euch zu eigen. Und an irgendeinem dunklen und eisigen Winterabend oder in einer Sommernacht, wenn die Sonne einfach nicht untergehen mag, erzählt euren Freunden, was passierte, als Thors Hammer gestohlen wurde, oder wie Odin den Göttern den Met der Dichtkunst verschaffte …

Neil Gaiman
Lisson Grove, London,
May 2016

DIE SPIELER

Viele Götter und Göttinnen werden in den nordischen Mythen erwähnt, und nicht wenige von ihnen begegnen euch auf den folgenden Seiten. In den meisten unserer Geschichten jedoch geht es um zwei Götter, um Odin und seinen Sohn Thor, sowie um Odins Blutsbruder, einen Riesensohn namens Loki, der bei den Asen in Asgard lebt.

Odin

Der höchste und der älteste aller Götter ist Odin.

Odin kennt viele Geheimnisse. Für die Weisheit hat er ein Auge hergegeben. Mehr noch, für das Wissen um die Runen und für größere Macht hat er sich selbst an Odin geopfert.

Er hing vom Weltenbaum Yggdrasill, und das neun Nächte lang. In seiner Seite steckte die Spitze eines Speeres, der ihn schwer verwundet hatte. Der Wind riss an ihm und schlug auf seinen herabhängenden Körper ein. Nichts aß er, neun Tage und neun Nächte lang, und nichts trank er. Er war allein in seinen Schmerzen, und das Licht seines Lebens verlosch langsam.

Ihn fror, und er litt schrecklich, doch als der Augenblick des Todes gekommen war, trug sein Opfer finstere Frucht: Im Rausch seiner Agonie blickte er herab, und die Geheimnisse der Runen wurden ihm offenbart. Nun also kannte er sie, verstand sie und ihre Macht. Daraufhin riss das Seil, und er stürzte schreiend vom Baum herab.

Nun beherrschte er Magie, und es war an ihm, über die Welt zu herrschen.

Odin trägt viele Namen. Er ist der Allvater, der Herr der Gefallenen, der Galgengott. Er ist der Gott der Fracht und der Gefangenen. Er wird Grimnir genannt und der Dritte. Er hat unterschiedliche Namen in allen Ländern (denn er wird in vielen Sprachen und in unterschiedlicher Gestalt verehrt, doch immer ist es Odin, dem die Gebete gelten).

Er reist unerkannt von Ort zu Ort, um die Welt so zu sehen, wie die Menschen sie sehen. Wenn er unter uns umhergeht, dann als ein großer Mann mit Mantel und Schlapphut.

Er hat zwei Raben, die er Huginn und Muninn nennt, was *Gedanke* und *Erinnerung* bedeutet. Diese Vögel fliegen hin und her durch die Welt, halten Ausschau nach Neuigkeiten und tragen

Odin das Wissen über alle Dinge zu. Sie lassen sich auf seinen Schultern nieder und flüstern ihm ins Ohr.

Wenn er auf seinem hohen Thron Hlidskjalf sitzt, beobachtet er alles, wo auch immer es geschieht. Nichts bleibt ihm verborgen.

Er brachte den Krieg in die Welt. Schlachten beginnen, indem man dem feindlichen Heer einen Speer entgegenschleudert und das Gefecht und seine Toten Odin widmet. Überlebt ihr die Schlacht, so geschieht es durch Odins Gnade, fallt ihr jedoch, so wurdet ihr von Odin verraten.

Sterbt ihr tapfer im Kampf, holen euch die Walküren, wunderschöne Kriegerinnen, die die Seelen der ehrenhaft Gefallenen abholen, und sie werden euch in die Halle führen, die als Walhall bekannt ist. Dort wird er auf euch warten, und dort werdet ihr trinken und kämpfen und zechen, und Odin wird euer Anführer sein.

Thor

Thor, Odins Sohn, ist der Donnergott. Er ist aufrichtig, wo sein Vater listig ist, und gutmütig, wo sein Vater verschlagen ist.

Groß ist er und rotbärtig und stark, bei Weitem der stärkste aller Götter. Seine Macht wird gesteigert durch seinen Kraftgürtel Megingjörd: Wenn er ihn trägt, ist er doppelt so stark.

Thors Waffe ist Mjöllnir, ein außergewöhnlicher Hammer, den Zwerge ihm geschmiedet haben. Seine Geschichte werdet ihr erfahren. Trolle und Reifriesen und Bergriesen – sie alle zittern, wenn sie Mjöllnir erblicken, denn viele ihrer Brüder und Schwestern sind ihm zum Opfer gefallen. Thor trägt eiserne Handschuhe, die es ihm ermöglichen, den Schaft des Hammers zu umfassen.

Thors Mutter war Jörd, die Erdgöttin. Thors Söhne sind Modi der Wütende und Magni der Starke. Thors Tochter ist Thrud die Mächtige.

Seine Gattin ist Sif mit den goldenen Haaren. Sie bekam bereits ihren Sohn Ull, bevor sie Thor heiratete; Thor ist also Ulls Stiefvater. Ull ist ein Gott, der mit Pfeil und Bogen jagt, und er trägt Skier.

Thors Aufgabe ist es, Asgard und Midgard zu verteidigen.

Es gibt viele Geschichten von Thor und seinen Abenteuern. Einige davon sollt ihr hören.

Loki

Loki sieht sehr gut aus. Er spricht gewandt, ist überzeugend und liebenswert und mit großem Abstand der gerissenste, heimtückischste und klügste aller Bewohner von Asgard. Es ist zu schade, dass so viel Böses in ihm gärt: so viel Wut, so viel Neid und so viel Wollust.

Loki ist der Sohn von Laufey, die man auch unter dem Namen Nal kannte oder Nadel, denn sie war dünn und wunderschön und scharfsinnig. Sein Vater soll Farbauti gewesen sein, ein Riese. Sein Name bedeutet *der gefährlich Schlagende*, und Farbauti war so gefährlich, wie sein Name versprach.

Loki bewegt sich durch die Lüfte mit fliegenden Schuhen, und er kann seine Gestalt verändern, sodass er aussieht wie andere Leute oder ein Tier; doch seine eigentliche Waffe ist sein Verstand. Er ist gewitzter und listiger als jeder andere Gott oder Riese. Nicht einmal Odin ist so listig wie er.

Loki ist Odins Blutsbruder. Die anderen Götter wissen nicht, wann Loki nach Asgard kam oder wie. Er ist Thors Freund und Thors Verräter. Er wird von den Göttern geduldet, vielleicht weil seine List und seine Pläne sie so oft aus Schwierigkeiten herausholen, wie sie sie hineinbringen.

Loki macht die Welt zu einem interessanteren, aber auch zu einem unsichereren Ort. Er ist der Vater der Ungeheuer, der Schöpfer des Kummers, der hinterlistige Gott.

Loki trinkt zu viel, und wenn er trinkt, kann er seine Worte und seine Gedanken und seine Taten nicht im Zaum halten. Loki und seine Kinder werden bereit sein an den Ragnarök, den letzten Tagen, dem Ende von allem, und wenn sie in den Kampf ziehen, werden sie nicht auf Seiten der Götter stehen.

VOR DEM ANFANG UND DANACH

I

Vor dem Anfang war nichts – keine Erde, keine Winde, keine Sterne, kein Himmel; nur die Nebelwelt, ohne Form und ohne Gestalt, und die Feuerwelt, die in Ewigkeit brannte.

Im Norden lag Niflheim, die dunkle Welt. Hier durchschnitten elf giftige Flüsse den Nebel, die alle derselben Quelle entsprangen, einem brüllenden Mahlstrom namens Hvergelmir. In Niflheim war es kälter als kalt, und der dichte Nebel hüllte alles ein. Der gesamte Himmel war verdeckt von Dunst, und auch der Boden ließ sich unter den eiskalten Schwaden nicht erkennen.

Im Süden lag Muspell. In Muspell herrschte das Feuer, und alles dort glühte und brannte. Wo in Niflheim kaltes Grau vorherrschte, strahlte Muspell im Licht, und wo die Nebelwelt in tiefem Frost lag, brach hier geschmolzene Lava aus der Tiefe hervor. Die brüllende Hitze eines Schmiedefeuers setzte dieses Land in Flammen, und es gab keinen festen Grund und keinen Äther. Nichts außer Funken und aufspritzender Hitze, geschmolzenem Gestein und glühender Asche.

An der Grenze des Flammenmeeres in Muspell, wo der Nebel auf die gleißende Helligkeit stößt und das Land endet, stand Surt, der schon vor den Göttern da war. Auch jetzt noch steht er dort. Er trägt ein flammendes Schwert, und die kochende Lava und der eiskalte Nebel sind für ihn ein und dasselbe.

Es heißt, dass Surt an den Ragnarök, dem Ende der Welt, und erst dann, seine Position aufgeben wird. Mit seinem flammenden Schwert wird er Muspell verlassen und die Welt in Brand setzen, und ein Gott nach dem anderen wird vor ihm fallen.

II

Zwischen Muspell und Niflheim tat sich eine Leere auf, ein Ort des Nichts, ohne jede Form. Die Flüsse der Nebelwelt glitten in diese Leere hinein, die man Ginnungagap nannte, den *gähnenden Schlund*. Unermesslich langsam verhärteten sich jene giftigen Flüsse dort zwischen Feuer und Nebel zu riesigen Gletschern. Das Eis nördlich der Leere war von gefrorenem Nebel und Hagel bedeckt, im Süden aber, wo die Gletscher an das Land des Feuers grenzten und die glühende Asche und die Funken Muspells das Eis berührten, machten warme Winde aus den Flammenlanden die Luft über den Eisschichten mild und angenehm wie einen Frühlingstag.

Wo sich Eis und Feuer trafen, schmolz das Eis, und in den schmelzenden Wassern tauchte Leben auf: Eine Gestalt, größer als Welten, riesiger als jeder Riese, den es je gegeben hat und den es jemals geben wird. Sie war weder männlichen noch war sie weiblichen Geschlechts, sondern beides zugleich.

Diese Gestalt war der Vorfahre aller Riesen, und sie nannte sich selbst Ymir.

Ymir war nicht das einzige Lebewesen, das sich im Schmelzwasser bildete: Ebenso war da eine Kuh ohne Hörner, größer als man sie sich vorstellen kann. Sie leckte die salzigen Eisblöcke ab, und die Milch strömte aus ihren vier Eutern wie Flüsse. Es war jene Milch, die Ymir nährte.

Der Riese trank die Milch und wuchs.

Ymir nannte die Kuh Audumla.

Die rosafarbene Zunge der Kuh formte eine Gestalt aus dem Eis. Am ersten Tag nur die Haare, am nächsten ihren Kopf, am dritten Tag kam die gesamte Gestalt von Kopf bis Fuß zum Vorschein.

Dies war Buri, der Vorfahre der Götter.

Ymir schlief, und während er schlief, gebar er. Ein männlicher und ein weiblicher Riese wurden aus Ymirs linkem Arm geboren, ein sechsköpfiger Riese aus seinen Beinen. Von diesen Kindern Ymirs stammen alle Riesen ab.

Von diesen Riesen wählte Buri ein Weib, und sie bekamen einen Sohn, den sie Bor nannten. Bor heiratete Bestla, Tochter der Riesen, und zusammen hatten sie drei Söhne: Odin, Vili und Ve.

Odin und Vili und Ve, die drei Söhne Bors, wuchsen zu Männern heran. Und da sie heranwuchsen, sahen sie weit in der Ferne die Flammen von Muspell und die Dunkelheit von Niflheim. Sie wussten, dass beide Orte ihren Tod bedeuten würden. Die Brüder waren für immer in Ginnungagap gefangen, in dem weiten Schlund zwischen dem Feuer und dem Nebel. Genauso gut hätten sie im Nirgendwo sein können.

Es gab kein Meer und keinen Sand, kein Gras und keine Felsen, keine Erde, keine Bäume, keinen Himmel, keine Sterne. Es gab keine Welt in jener Zeit. Der Schlund klaffte im Nichts; ein leerer Ort, der darauf wartete, mit Leben und Geschöpfen gefüllt zu werden.

Die Zeit für die Schöpfung war gekommen. Ve und Vili und Odin schauten einander an und berieten darüber, was zu tun sei, dort in der Leere von Ginnungagap. Vom All sprachen sie und vom Leben und von der Zukunft.

Odin und Vili und Ve töteten den Riesen Ymir. Es musste geschehen, denn es gab keine andere Möglichkeit, die Welten zu erschaffen. Dies war der Anfang von allem, der Tod, der alles Leben möglich machte.

Sie erstachen ihn. Blut strömte in unvorstellbaren Mengen aus Ymirs totem Körper; Kaskaden von Blut, salzig wie die See und grau wie die Ozeane, strömten hervor und formten eine Flut, die so plötzlich und so machtvoll und so tief war, dass sie alle Riesen mit sich riss und ertränkte. (Nur ein Riese namens Bergelmir, Ymirs Enkel, und seine Frau überlebten, indem sie sich an einen ausgehöhlten Baumstamm klammerten, der sie trug wie ein Boot. Alle Riesen, die wir heute sehen und fürchten, stammen von ihnen ab.)

Odin und seine Brüder formten den Erdboden aus Ymirs Fleisch. Seine Knochen stapelten sie auf zu Bergen und Klippen.

Unsere Steine und Kiesel, der Sand und der Kies, auf dem wir gehen, waren Ymirs Zähne und die Bruchstücke seiner Knochen, die von Odin und Vili und Ve in ihrem Kampf mit Ymir zertrümmert wurden.

Die Meere, die die Welten umschließen, waren Ymirs Blut und sein Schweiß.

Nun schaut auf zum Himmel: Was ihr seht, ist das Innere von Ymirs Schädel. Die Sterne, die ihr in der Nacht erblickt, die Planeten und all die Kometen und Sternschnuppen sind die Funken, die von den Feuern Muspells aufstiegen. Und die Wolken, die bei Tag über den Himmel ziehen? Es sind die Überreste von Ymirs Verstand, und wer weiß, welche Gedanken auch jetzt noch in ihnen treiben.

III

Die Welt ist eine flache Scheibe, umflossen vom Ozean. Riesen leben an den Rändern der Welt, dort wo die Ozeane am tiefsten sind.

Um sich die Riesen vom Leibe zu halten, bauten Odin und Vili und Ve eine Mauer aus Ymirs Wimpern rund um die Mitte der Welt. Den Ort, den die Mauer umgab, nannten sie Midgard.

Midgard war leer. Das Land war wunderschön, aber niemand ging über die Wiesen oder fischte in den klaren Gewässern, niemand erkundete die zerklüfteten Gebirge oder blickte zu den Wolken hinauf.

Odin und Vili und Ve wussten, dass eine Welt keine Welt ist, solange sie nicht bewohnt wird. Sie zogen landauf, landab, suchten nach jemandem, fanden aber niemanden. Schließlich entdeckten

sie am Rand des Strandes, zwischen den Felsen und auf dem Kies, zwei große Scheite Holz, die vom Meer herbeigetrieben und an Land gespült worden waren.

Das erste war ein Scheit aus Eschenholz. Die Esche ist ein widerstandsfähiger und schöner Baum, und seine Wurzeln reichen tief in den Grund. Sein Holz lässt sich gut schnitzen, es splittert kaum und bricht auch nicht. Aus Eschenholz lässt sich ein guter Werkzeuggriff herstellen oder der Schaft eines Speeres.

Der zweite Scheit, den sie neben dem ersten am Strand fanden, so nah, dass die beiden sich beinahe berührten, war ein großes Stück Ulmenholz. Die Ulme ist anmutig, aber ihr Holz ist hart genug, um daraus feste Planken und Balken zu fertigen; aus Ulmenholz lassen sich ein gutes Haus oder eine Halle bauen.

Die Götter nahmen die beiden Scheite und stellten sie aufrecht auf den Sand. Sie waren so groß wie Menschen. Odin hielt sie fest, und nacheinander hauchte er ihnen Leben ein. Nicht länger waren es tote Holzscheite an einem Strand, nun waren sie lebendig.

Vili gab ihnen einen eigenen Willen, er gab ihnen Verstand und Antrieb. Nun konnten sie sich bewegen und nach etwas verlangen.

Ve schnitzte die Scheite. Er gab ihnen eine menschliche Gestalt; schnitzte ihnen Ohren, sodass sie hören konnten, und Augen, sodass sie sehen konnten, und Lippen, sodass sie sprechen konnten.

Aufrecht standen die zwei Scheite am Strand und waren zwei nackte Gestalten. Ve hatte dem einen männliche Genitalien geschnitzt, dem anderen weibliche.

Die drei Brüder fertigten Kleidung für die Frau und den Mann, mit der sie sich bedecken und warm halten konnten in der kühlen Gischt an jenem Strand am Ende der Welt.

Zuletzt gaben sie den beiden Menschen, die sie erschaffen hatten, Namen. Den Mann nannten sie Ask oder Esche, die Frau nannten sie Embla oder Ulme.

Ask und Embla waren Vater und Mutter von uns allen; jedes menschliche Wesen verdankt sein Leben seinen Eltern und deren Eltern und deren Eltern vor ihnen. Geht man weit genug zurück, sind unser aller Vorfahren Ask und Embla.

Embla und Ask blieben in Midgard, sicher hinter der Mauer, die die Götter aus Ymirs Wimpern errichtet hatten. Hier bauten sie ihr Heim, geschützt vor Riesen und Ungeheuern und all den Gefahren, die in der Einöde lauerten. In Midgard konnten sie ihre Kinder in Frieden aufziehen.

Deshalb nennt man Odin den Allvater. Denn er war der Vater der Götter, und er war es, der den Großeltern unserer Ururgroßeltern das Leben eingehaucht hat. Ob wir Götter sind oder Sterbliche, Odin ist unser aller Vater.

YGGDRASILL UND DIE NEUN WELTEN

Der Baum Yggdrasill ist eine gewaltige Esche, der vollkommenste und schönste aller Bäume, außerdem der höchste. Er wächst in der Mitte der neun Welten und verbindet sie miteinander. Es ist der größte und schönste aller Bäume, und die Spitzen seiner Äste reichen bis über den Himmel hinaus.

So groß ist er, dass seine Wurzeln in drei Welten liegen und er von drei Quellen gespeist wird.

Die erste und tiefste Wurzel erstreckt sich in die Unterwelt, nach Niflheim, an jenen Ort, den es vor anderen Orten schon gab. Dem Mittelpunkt der dunklen Welt entspringt die nie versiegende Quelle Hvergelmir, und sie rauscht so laut wie ein dröhnender Kessel. Der Drache Nidhögg lebt in diesen Gewässern, und ohne Unterlass nagt er von unten an der Wurzel.

Die zweite Wurzel reicht ins Reich der Reifriesen, zu der Quelle, die Mimir gehört.

Auf den höchsten Ästen des Weltenbaumes wartet ein Adler, der viele Dinge weiß, und ein Falke, der zwischen den Augen des Adlers hockt.

Auch ein Eichhörnchen, Ratatosk, lebt im Geäst des Weltenbaums. Es trägt den neuesten Tratsch von Nidhögg, dem gefürchteten Leichenfresser, zum Adler hinauf und wieder zurück. Das Eichhörnchen lügt sie beide an, und es macht ihm Freude, sie wütend zu machen.

Vier Hirsche grasen an den riesigen Ästen des Weltenbaumes, verschlingen das Laub und die Rinde. Und am Stamm des Baumes finden sich unzählige Schlangen, die ihre Zähne in die Wurzeln schlagen.

Den Weltenbaum kann man erklimmen. Dieser Baum war es, an dem Odin sich selbst geopfert hat, womit er den Weltenbaum zum Galgen machte und sich selbst zum Galgengott.

Die Götter klettern nicht auf den Weltenbaum. Von einer Welt zur anderen reisen sie auf Bifröst, der Regenbogenbrücke. Nur die Götter können auf dem Regenbogen reisen, jedem Reifriesen oder Troll, der versuchen würde, über ihn nach Asgard zu gelangen, würde er die Füße verbrennen.

Dies sind die neun Welten:

Asgard, Heimat der Asen. Hier lässt Odin sich nieder.

Alfheim, wo die Lichtalben leben. Die Lichtalben sind so schön wie die Sonne oder die Sterne.

Nidavellir, das man manchmal auch Svartalfheim nennt, wo unter den Bergen die Zwerge leben (die ebenso als Dunkelalben bekannt sind) und ihre außergewöhnlichen Werke erschaffen.

Midgard, die Welt der Frauen und Männer. Die Welt, in der wir uns niederlassen.

Jötunheim, wo die Reifriesen und die Bergriesen umhergehen und ihre Hallen errichtet haben.

Vanaheim, wo die Vanen leben. Die Asen und die Vanen sind Götter, durch Friedensabkommen geeint, und viele Vanengötter leben in Asgard bei den Asen.

Niflheim, die dunkle Nebelwelt.

Muspell, die Welt der Flammen, wo Surt wartet.

Und dann jener Ort, der nach ihrer Herrscherin benannt wurde: Hel, wohin die Toten gehen, die nicht ehrenhaft in der Schlacht fielen.

Die letzte Wurzel des Weltenbaums führt zu einer Quelle in der Wohnstatt der Götter, nach Asgard, wo die Asen leben. Jeden Tag halten die Götter hier Rat, und hier werden sie sich auch an den letzten Tagen der Welt versammeln, bevor sie sich zur letzten Schlacht der Ragnarök aufmachen. Man nennt diese Quelle den Urdsbrunnen.

Drei Schwestern trifft man dort: die Nornen. Sie sind wunderschöne Jungfrauen, und sie kümmern sich um den Brunnen und achten darauf, dass die Wurzeln von Yggdrasill stets mit Erde bedeckt sind. Der Brunnen gehört Urd. Sie ist das Schicksal. Sie ist eure Vergangenheit. Bei ihr sind Verdandi – ihr Name bedeutet *werdend* –, der die Gegenwart gehört, und Skuld, deren Name *Zukunft* bedeutet, und ebendies ist ihr Herrschaftsbereich.

Die Nornen entscheiden, was in eurem Leben geschieht. Es gibt noch weitere Nornen, nicht bloß diese drei. Riesennornen und Albennornen, Zwergennornen und Vanennornen, gute und böse – und wie euer Schicksal aussieht, liegt in ihren Händen. Manche Nornen geben ein gutes, andere geben ein schweres Leben, ein kurzes oder ein beschwerliches.

Aber immer werden sie es sein, die euer Geschick formen, dort an Urds Brunnen.

MIMIRS KOPF UND ODINS AUGE

In Jötunheim, der Heimstatt der Riesen, befindet sich Mimirs Brunnen. Er sprudelt weit aus der Tiefe herauf und nährt Yggdrasill, den Weltenbaum. Mimir, der Weise, Hüter der Erinnerung, weiß viele Dinge. Sein Brunnen ist Weisheit, und als die Welt jung war, trank er jeden Morgen von dem Wasser, indem er das Horn, das man Gjallarhorn nennt, hineintauchte und leerte.

Vor langer, langer Zeit, als die Welten noch jung waren, legte Odin seinen langen Mantel an und setzte seinen Hut auf und reiste als einfacher Wanderer durch das Land der Riesen. Er riskierte sein Leben, um zu Mimir zu gelangen und Weisheit zu erbitten.

»Einen Schluck vom dem Wasser aus deinem Brunnen, Onkel Mimir«, sagte Odin. »Um mehr bitte ich nicht.«

Mimir schüttelte den Kopf. Niemand trank aus dem Brunnen, nur Mimir selbst. Er sagte nichts. Wer stumm bleibt, macht schließlich selten einen Fehler.

»Ich bin dein Neffe«, sagte Odin. »Meine Mutter, Bestla, war deine Schwester.«

»Das genügt nicht«, sagte Mimir.

»Einen Schluck. Mit einem Schluck aus deinem Brunnen, Mimir, werde ich ein weiser Mann. Nenn deinen Preis.«

»Dein Auge ist mein Preis«, sagte Mimir. »Dein Auge im Wasser.«

Odin fragte nicht, ob es ein Scherz sei. Die Reise durch das Riesenland bis zu Mimirs Brunnen war lang und gefährlich gewesen. Odin war bereit gewesen, sein Leben aufs Spiel zu setzen, um hierherzukommen. Für die Weisheit, nach der es ihn verlangte, war er bereit, noch mehr zu tun.

Odins Miene war entschlossen.

»Gib mir ein Messer.« Mehr sagte er nicht.

Nachdem er das Nötige getan hatte, legte er sein Auge sorgsam in die Quelle. Durch das Wasser starrte es zu ihm herauf. Nun füllte Odin das Gjallarhorn an Mimirs Brunnen und hob es an seine Lippen. Das Wasser war kalt. Er leerte das Horn, und die Weisheit strömte in ihn. Mit seinem einen Auge sah er nun weiter und klarer, als er es je mit zweien vermocht hatte.

Später wurden Odin immer wieder andere Namen gegeben, Blindi nannte man ihn, den blinden Gott, und Hoarr, den Einäugigen, und Baleyg – den mit dem Flammenauge.

Odins Auge blieb in Mimirs Brunnen. Erhalten vom Wasser, das die Weltesche nährte, sah es nichts und sah doch alles.

Zeit verging. Und als der Krieg zwischen den Asen und den Vanen zu Ende ging und sie Krieger und Häuptlinge austauschten, schickte Odin Mimir zu den Vanen als Berater des Asengottes Hönir, welcher der neue Anführer der Vanen werden sollte.

Hönir war groß und sah gut aus und hielt sich wie ein König. Wenn Mimir an seiner Seite war und ihn beriet, sprach er auch wie ein König und traf weise Entscheidungen. Doch wenn Mimir nicht bei ihm war, erschien Hönir unfähig, überhaupt eine Entscheidung zu treffen, und die Vanen waren es bald leid. Sie nahmen Rache – jedoch nicht an Hönir, sondern an Mimir: Sie schlugen ihm den Kopf ab und schickten ihn Odin.

Odin war nicht wütend. Er rieb Mimirs Kopf mit Kräutern ein, die ihn vor der Verwesung bewahrten, und er sprach einige Zauberworte, damit Mimirs Weisheit nicht verloren ginge. Bald schon schlug Mimir die Augen auf und sprach zu ihm. Und Mimirs Rat war gut, so weise wie eh und je.

Odin trug Mimirs Kopf zurück zum Brunnen unter dem Weltenbaum, und dort versenkte er ihn gleich neben seinem Auge im Wasser, in dem alles Wissen der Zukunft und der Vergangenheit lag.

Odin gab das Gjallarhorn Heimdall, dem Wächter der Götter. An dem Tag, da das Gjallarhorn ertönt, wird es die Götter wecken, ganz gleich, wo sie sich befinden, ganz gleich, wie tief sie schlafen.

Heimdall wird das Gjallarhorn nur ein einziges Mal ertönen lassen, am Ende aller Tage, den Ragnarök.

DIE SCHÄTZE DER GÖTTER

I

Thors Gattin war die wunderschöne Sif. Sie gehörte zu den Asen. Thor liebte sie um ihrer selbst willen, aber auch wegen ihrer blauen Augen und ihrer blassen Haut, wegen ihrer roten Lippen und wegen ihres Lächelns, und er liebte ihr langes, langes Haar, das die Farbe eines Gerstenfeldes am Ende des Sommers hatte.

Thor erwachte und starrte die schlafende Sif an. Er kratzte sich am Bart. Dann tippte er seine Frau mit seiner riesigen Hand an. »Was ist mit dir geschehen?«

Sie öffnete ihre Augen, die so blau waren wie der Himmel im Sommer. »Wovon redest du?«, fragte sie, und dann drehte sie ihren Kopf zur Seite und sah verdutzt aus. Ihre Finger fuhren zu ihrem kahlen, rosafarbenen Schädel und berührten ihn, erkundeten ihn zaghaft. Dann sah sie Thor entsetzt an. »Mein Haar«, war alles, was sie herausbrachte.

Thor nickte. »Es ist fort. Er hat dich geschoren.«

»Er?«, fragte Sif.

Thor erwiderte nichts. Er legte sich Megingjörd, seinen Kraftgürtel um, der seine enorme Stärke noch verdoppelte. »Loki«, sagte er. »Loki hat das getan.«

»Wie kommst du darauf?«, fragte Sif und tastete ruhelos ihren kahlen Schädel ab, als würden ihre flatternden Finger ihr Haar zurückbringen können.

»Weil ich immer, wenn etwas im Argen liegt, als Erstes annehme, dass es Lokis Schuld ist. Das spart viel Zeit.«

Thor fand Lokis Tür verschlossen, also trat er sie ein, sodass sie in tausend Stücke zerbrach. Er packte Loki und sagte nur: »Warum?«

»Warum was?« Lokis Gesicht war das Inbild völliger Unschuld.

»Sifs Haar. Das goldene Haar meiner Frau. Es war so schön. Warum hast du es abgeschnitten?«

Hundert Ausdrücke wechselten sich auf Lokis Miene ab: Heimtücke und Durchtriebenheit, Trotz und Verwirrung. Thor schüttelte ihn heftig, und schließlich senkte Loki den Blick und tat sein Bestes, um beschämt zu wirken. »Es kam mir lustig vor. Ich war betrunken.«

Thors Braue senkte sich. »Sifs Haar war eine Pracht. Man wird denken, sie sei zur Strafe geschoren worden. Dass sie etwas getan hat, was sie nicht hätte tun sollen, mit jemandem, mit dem sie es nicht hätte tun sollen.«

»Nun ja«, sagte Loki. »Man wird das wohl denken. Und da ich ihr unglücklicherweise das Haar an der Wurzel entfernt habe, wird sie den Rest ihres Lebens kahl bleiben …«

»Nein, das wird sie nicht.« Thor blickte mit einem Gesichtsausdruck so drohend wie Donner zu Loki hinauf, den er hoch über seinem Kopf hielt.

»Ich fürchte, doch. Aber es gibt ja Hüte und Tücher …«

»Sie wird nicht kahlköpfig durchs Leben gehen«, sagte Thor. »Denn wenn du, Loki, Sohn der Laufey, ihr nicht jetzt sofort das Haar zurückgibst, werde ich jeden Knochen in deinem Körper brechen. Und wenn ihr Haar nicht mehr richtig wächst, werde ich wiederkommen und dir noch einmal jeden einzelnen Knochen im Körper brechen. Ich werde es jeden Tag tun, und ich werde schon bald ziemlich gut darin sein«, fügte er hinzu und hörte sich schon ein wenig fröhlicher an.

»Nein!«, sagte Loki. »Ich kann ihr das Haar nicht zurückgeben. So funktioniert das nicht.«

»Heute«, sagte Thor versonnen, »werde ich vermutlich eine Stunde brauchen, um jeden Knochen in deinem Körper zu brechen. Aber ich wette, mit ein bisschen Übung werde ich es bald in fünfzehn Minuten schaffen. Wird interessant werden, das herauszufinden.« Er begann damit, den ersten Knochen zu brechen.

»Zwerge!«, kreischte Loki.

»Wie bitte?«

»Zwerge! Die können alles fertigen. Sie könnten goldenes Haar machen, das sich mit Sifs Kopf verbindet und ganz normal nachwächst – vollkommenes, goldenes Haar. Sie können das.«

»Dann machst du dich wohl besser auf den Weg und sprichst mit ihnen.« Und damit ließ er Loki von hoch oben über seinem Kopf zu Boden fallen.

Rasch rappelte er sich auf und eilte davon, bevor Thor ihm weitere Knochen brechen konnte.

Er zog sich die fliegenden Schuhe an und eilte nach Svartalfheim, wo die Zwerge ihre Werkstätten haben. Die allerkunstfertigsten Zwerge, entschied er, waren jene drei, die man als die Söhne des Ivaldi kannte.

Also begab sich Loki in die unterirdische Schmiede dieser drei Zwerge. »Seid gegrüßt, Söhne des Ivaldi. Ich habe mich umgehört, und die Leute behaupten, dass die beiden Brüder Brokk und Sindri die besten Zwergenhandwerker sind, die es gibt und jemals gegeben hat.«

»Nein«, sagte einer der Söhne des Ivaldi. »Das sind wir. Wir sind die besten Handwerker.«

»Man hat mir versichert, Brokk und Sindri könnten ebenso gute Schätze erschaffen wie ihr.«

»Lügen!«, sagte der größte der Söhne des Ivaldi. »Diese Pfuscher mit ihren ungeschickten Wurstfingern würde ich nicht einmal ein Pferd beschlagen lassen.«

Der kleinste und weiseste der Söhne des Ivaldi zuckte bloß mit den Schultern. »Was immer sie auch bauen, wir können es besser.«

»Ich habe gehört, dass sie euch herausgefordert haben«, sagte Loki. »Drei Schätze sollen angefertigt werden. Die Asen werden beurteilen, wer das beste Stück geschaffen hat. Ach und übrigens, einer der Schätze muss ein Haarschopf sein. Vollkommene goldene Haare, die nie aufhören nachzuwachsen.«

»Das können wir«, sagte einer der Söhne des Ivaldi. Selbst Loki konnte sie kaum auseinanderhalten.

Dann flog Loki über das Gebirge, um den Zwerg namens Brokk in der Werkstatt aufzusuchen, die er sich mit seinem Bruder Sindri teilte. »Ivaldis Söhne stellen drei Schätze her als Geschenke an die Götter von Asgard«, sagte Loki. »Die Götter werden die Schätze beurteilen. Ivaldis Söhne haben mir aufgetragen, euch auszurichten, dass du und dein Bruder Sindri nichts herstellen könnt, das ihrer Arbeit gleichkommt. Sie haben euch Pfuscher mit Wurstfingern genannt.«

Brokk war kein Narr. »Das kommt mir reichlich verdächtig vor, Loki. Bist du sicher, dass nicht du selbst das alles eingefädelt hast? Das sähe dir ähnlich, absichtlich Unfrieden zwischen Ivaldis Söhnen und Sindri und mir zu säen.«

Loki setzte seine unschuldigste Miene auf, die tatsächlich erstaunlich unschuldig wirkte. »Das hat nichts mit mir zu tun. Ich dachte bloß, ihr solltet es wissen.«

»Und du hast kein persönliches Interesse an der Sache?«, fragte Brokk.

»Nicht das geringste.«

Brokk nickte und schaute zu Loki auf. Brokks Bruder Sindri war ein großartiger Handwerker, aber Brokk war der Klügere von beiden und der Tatkräftigere. »Nun, wenn das so ist, werden wir uns nur allzu gern mit den Söhnen des Ivaldi im Wettstreit messen und von den Göttern beurteilen lassen. Denn ich habe keinen Zweifel daran, dass Sindri kunstfertigere und mächtigere Schätze erschaffen kann als Ivaldis Brut. Aber machen wir doch daraus eine persönliche Angelegenheit, Loki, was meinst du?«

»Was schwebt dir vor?«, fragte Loki.

»Dein Kopf«, antwortete Brokk. »Wenn wir diesen Wettstreit gewinnen, bekommen wir deinen Kopf. In deinem Schädel geht so einiges vor sich, und ich glaube, dass Sindri ein wunderbares Stück Zwergenkunst daraus schmieden könnte. Eine denkende Maschine. Oder ein Tintenfass.«

Loki hörte nicht auf zu lächeln, aber innerlich kochte er. Der Tag hatte so gut begonnen, und nun musste er sicherstellen, dass Sindri und Brokk den Wettbewerb verloren und dass die Götter sechs wundervolle Arbeiten der Zwerge erhielten und Sif ihr goldenes Haar zurückbekam. Er würde das schaffen. Er war schließlich Loki.

»Selbstverständlich«, sagte er. »Mein Kopf. Kein Problem.«

Jenseits des Gebirges arbeiteten die Söhne des Ivaldi bereits an ihren Schätzen. Um sie machte Loki sich keine Sorgen. Er musste sicherstellen, dass Brokk und Sindri auf keinen Fall als Sieger aus der Sache hervorgingen.

Brokk und Sindri betraten die Schmiede. Es war dunkel im Inneren, nur das orangefarbene Glühen der brennenden Kohle spendete etwas Licht. Sindri nahm ein Stück Schweinsleder von einem Regal und legte es in die Esse. »Ich habe dieses Schweinsleder eigens für einen Fall wie diesen aufbewahrt.«

Brokk nickte bloß.

»Also dann«, sagte Sindri. »Du übernimmst den Blasebalg, Brokk. Hör nicht auf zu pumpen. Ich brauche viel Hitze, und sie darf nie schwächer werden, sonst wird das Werk nicht gelingen. Immer pumpen, pumpen.«

Brokk begann mit der Arbeit am Blasebalg und schickte einen Strom sauerstoffreicher Luft ins Herz der Esse, sodass sich alles erhitzte. Er hatte dies schon oft getan. Sindri sah zu, bis er zufrieden war, weil alles nach Wunsch verlief.

Dann ging er hinaus, um an seiner Schöpfung zu arbeiten. Als er die Tür öffnete, flog ein großes, dunkles Insekt herein. Es war keine Pferdebremse, und es war keine Goldaugenbremse, für beides war es viel zu groß. Es flog herein und kreiste unheilvoll durch den Raum.

Brokk hörte Sindris Hämmern vor der Schmiede, hörte, wie er feilte und bog und etwas in seine Form schlug.

Die große schwarze Bremse – es war die größte schwarze Bremse, die ihr jemals erblickt habt – landete auf Brokks Handrücken.

Mit beiden Händen bearbeitete er den Blasebalg und hörte nicht auf zu pumpen, um nach der Bremse zu schlagen. Die Bremse stach Brokk fest in den Handrücken.

Brokk pumpte weiter.

Die Tür öffnete sich, Sindri trat herein und zog vorsichtig sein Werk aus der Esse. Es schien ein riesiges Wildschwein zu sein mit Borsten aus glühendem Gold.

»Gut gemacht«, sagte Sindri. »Wäre es auch nur einen Bruchteil wärmer oder kühler gewesen in der Esse – die ganze Arbeit wäre reinste Zeitverschwendung gewesen.«

»Auch du hast es gut gemacht«, sagte Brokk.

Die schwarze Bremse, die in einer Ecke an der Decke hockte, zischte voller Abscheu.

Sindri nahm einen Block aus Gold und legte ihn in die Esse. »Das nächste Stück wird sie beeindrucken. Wenn ich rufe, setzt du den Blasebalg in Gang, und was auch immer passiert, werde auf keinen Fall langsamer oder schneller, und hör bloß nicht auf. Das wird alles andere als einfach.«

»Verstanden«, sagte Brokk.

Sindri verließ den Raum und machte sich ans Werk. Brokk wartete, bis er seinen Bruder rufen hörte, und setzte den Blasebalg in Gang.

Die schwarze Bremse kreiste unschlüssig durch den Raum, dann landete sie in Brokks Nacken. Anmutig wich das Insekt einem Rinnsal aus Schweiß aus, denn es war heiß und eng in der Schmiede. Die Bremse stach Brokk so kräftig sie nur konnte in den Nacken. Tiefrotes Blut verband sich mit dem Schweiß, doch der Zwerg unterbrach seine Arbeit nicht.

Sindri kehrte zurück. Aus der Esse zog er nun einen weißglühenden Armreifen. Er ließ ihn in das steinerne Abkühlbecken fallen, und sofort stieg eine dichte Dampfwolke auf. Der Reif kühlte ab, nahm erst einen Orangeton an, wurde dann tiefrot und schließlich, als er abgekühlt war, golden.

»Er heißt Draupnir«, sagte Sindri.

»*Der Tropfende?* Ist ja ein komischer Name für einen Ring«, sagte Brokk.

»Nicht für diesen«, entgegnete Sindri und erklärte Brokk, was so außergewöhnlich war an diesem Armreif.

»Nun«, sagte Sindri, »nehme ich etwas in Angriff, das mir schon lange im Kopf herumgeht. Mein Meisterwerk. Aber das ist noch komplizierter als die beiden anderen Stücke. Du musst nun also …«

»Pumpen und nicht aufhören zu pumpen?«, fragte Brokk.

»Ganz genau«, sagte Sindri. »Und zwar noch gleichmäßiger als zuvor. Verändere nicht deine Geschwindigkeit, sonst wird alles zunichtegemacht.« Sindri hob einen Barren Roheisen auf, größer als jeder Barren, den die schwarze Bremse (bei der es sich um Loki handelte) je gesehen hatte, und wuchtete ihn in die Esse.

Er verließ den Raum und rief Brokk zu, dass er mit dem Pumpen beginnen solle.

Brokk machte sich ans Werk, und der Klang von Sindris Hämmern ertönte, während dieser bog und formte und schweißte und verband.

In seiner Bremsengestalt entschied Loki, dass nun keine Zeit mehr sei für Zurückhaltung. Sindris Meisterwerk würde die Götter gewiss beeindrucken, und wären die Götter beeindruckt genug, würde er seinen Kopf verlieren. Also ließ sich Loki zwischen Brokks Augen nieder und begann, in die Augenlider des Zwerges zu stechen. Der Zwerg pumpte weiter, obwohl seine Augen brannten.

Loki stach noch tiefer zu, noch fester, noch verzweifelter. Bald rann Blut aus den Augenlidern des Zwergs in seine Augen und über sein Gesicht, sodass er nichts mehr sehen konnte.

Brokk kniff die Augen zusammen und schüttelte den Kopf, um die Bremse abzuschütteln. Er warf seinen Kopf von einer Seite zur anderen, verzog den Mund und versuchte, die Bremse fortzupusten. Es half nichts. Die Bremse stach immer weiter, und der Zwerg sah nichts mehr außer Blut. Ein scharfer Schmerz erfüllte seinen Kopf.

Nach einem weiteren Luftstoß des Blasebalgs, riss er eine Hand los und schlug derart geschwind und fest nach der Bremse, dass Loki nur knapp mit dem Leben davonkam. Rasch packte Brokk wieder den Blasebalg und pumpte weiter.

»Genug!«, rief Sindri.

Unruhig schwirrte die schwarze Bremse durch den Raum, und als Sindri die Tür öffnete, ergriff sie die Flucht.

Sindri blickte seinen Bruder enttäuscht an. Brokks Gesicht war überströmt von Blut und Schweiß. »Ich weiß nicht, was du eben getrieben hast«, sagte Sindri, »aber beinahe hättest du alles ruiniert. Die Temperatur war am Schluss völlig außer Rand und Band. Und so ist das Ergebnis nicht mal annähernd so beeindruckend, wie ich es mir erhofft hatte. Wir werden abwarten müssen.«

Wieder in seiner normalen Gestalt kam Loki durch die offene Tür geschlendert. »Also, bereit für den Wettstreit?«

»Brokk kann nach Asgard gehen und den Göttern meine Geschenke bringen und dir den Kopf abschlagen«, sagte Sindri. »Ich bin am liebsten hier in meiner Schmiede, wo ich meine Arbeit verrichten kann.«

Brokk starrte Loki durch seine geschwollenen Lider an. »Ich freue mich schon darauf, dir den Kopf abzuschlagen«, sagte er. »Jetzt ist das nämlich eine sehr persönliche Angelegenheit.«

II

In Asgard saßen drei Götter auf ihren Thronen: der einäugige Allvater Odin, der rotbärtige Donnergott Thor und der schöne Frey der Sommerernte. Sie sollten die Richter sein.

Loki stand vor ihnen, neben sich die drei beinahe ununterscheidbaren Söhne des Ivaldi.

Brokk, schwarzbärtig und grübelnd, stand abseits und allein. Die mitgebrachten Werke waren unter Laken verborgen.

»Also«, sagte Odin, »was haben wir zu beurteilen?«

»Schätze«, sagte Loki. »Die Söhne des Ivaldi haben Geschenke für dich gefertigt, großer Odin, und auch für Thor und für Frey, und ebenso haben es Sindri und Brokk getan. Es liegt an euch, zu entscheiden, welches der sechs Kleinodien der größte Schatz ist. Ich selbst werde euch die Gaben zeigen, die von den Söhnen des Ivaldi angefertigt wurden.«

Er zeigte Odin den Speer namens Gungnir. Es war ein schöner Speer, in den aufwendige Runen graviert worden waren.

»Er wird alles durchdringen, und wenn du ihn wirfst, wird er immer sein Ziel treffen«, sagte Loki. Da Odin nur noch über ein Auge verfügte, ließ seine Zielsicherheit bisweilen zu wünschen übrig. »Darüber hinaus und ebenso wichtig: Ein Schwur, der auf diesen Speer geleistet wird, kann niemals gebrochen werden.«

Odin hob den Speer auf. »Er ist sehr schön.« Mehr sagte er nicht.

»Und hier«, sagte Loki stolz, »ist ein Haarschopf aus reinem Gold. Er wird sich dem Kopf, der ihn braucht, anpassen und wachsen und sich in jeder Hinsicht verhalten wie echtes Haar. Hunderttausend Strähnen reinstes Gold.«

»Ich werde es ausprobieren«, sagte Thor. »Sif, komm her.«

Sif erhob sich und trat mit bedecktem Kopf nach vorn. Dann nahm sie ihr Kopftuch ab, und die Götter erschraken, als sie Sifs kahlen, rosafarbenen Schädel erblickten. Dann setzte sie sich sorgfältig die goldene Perücke der Zwerge auf und schüttelte ihr neues Haar. Alle sahen, wie es sich mit ihrer Kopfhaut verband, und schließlich stand Sif vor ihnen, strahlender und schöner als je zuvor.

»Beeindruckend«, sagte Thor. »Gute Arbeit!«

Sif schwang ihr goldenes Haar und trat von der Halle hinaus in den Sonnenschein, um es ihren Freundinnen zu zeigen.

Das letzte der bemerkenswerten Geschenke der Söhne des Ivaldi war klein und zusammengefaltet wie ein Stück Tuch. Loki legte es vor Frey auf den Boden.

»Was ist das? Es sieht aus wie ein Seidenschal«, bemerkte Frey unbeeindruckt.

»Das stimmt«, sagte Loki. »Aber wenn du ihn entfaltest, wirst du feststellen, dass es ein Schiff namens Skidbladnir ist. Es wird immer günstigen Wind haben, ganz gleich, wohin es fährt. Und obwohl es riesig ist, das größte Schiff, das du dir vorstellen kannst, lässt es sich zusammenfalten wie ein Stück Stoff, sodass du es stets in deinem Beutel bei dir tragen kannst.«

Frey war beeindruckt und Loki erleichtert. Es waren drei hervorragende Geschenke.

Nun war Brokk an der Reihe. Seine Augenlider waren rot und geschwollen, und in seinem

Nacken prangte ein gewaltiger Insektenstich. Loki fand, dass Brokk bei Weitem zu selbstbewusst auftrat im Angesicht der herausragenden Geschenke, die die Söhne des Ivaldi angefertigt hatten.

Brokk nahm den goldenen Armreif und legte ihn vor Odin auf seinem hohen Thron. »Dieser Armreif heißt Draupnir«, sagte Brokk. »Denn in jeder neunten Nacht werden acht goldene Armreifen von ebensolcher Schönheit und von gleichem Wert von ihm abtropfen. Du kannst sie als Belohnung vergeben oder sie aufbewahren, und so wird dein Reichtum immer weiterwachsen.«

Odin untersuchte den Armreif und schob ihn schließlich über seinen Arm bis hinauf zu seinem Bizeps. Dort leuchtete er auf. »Er ist sehr schön.«

Loki bemerkte, dass er über den Speer genau dasselbe gesagt hatte.

Brokk ging zu Frey. Er zog eines der Laken beiseite und brachte einen riesigen Eber zum Vorschein, dessen Borsten aus reinem Gold bestanden.

»Dies ist ein Eber, den mein Bruder für dich gefertigt hat, auf dass er deinen Streitwagen ziehe«, sagte Brokk. »Er wird über den Himmel fegen und über die See, schneller als das schnellste Pferd. Selbst in der finstersten Nacht werden seine goldenen Borsten genug Licht spenden, damit du dich zurechtfindest. Niemals wird er ermüden und niemals dich im Stich lassen. Er heißt Gullinborsti – der mit den goldenen Borsten.«

Frey sah beeindruckt aus. Und doch, dachte Loki, war das magische Schiff, das sich zusammenfalten ließ wie ein Stück Tuch, mindestens genauso beeindruckend wie ein unaufhaltsamer Eber, der im Dunkeln leuchtete. Um seinen Kopf musste Loki nicht fürchten. Außerdem wusste er ja, dass er die letzte Gabe, die Brokk nun vorstellen würde, sabotiert hatte.

Unter dem letzten Tuch zog Brokk einen Hammer hervor und legte ihn Thor zu Füßen.

Thor schaute ihn an und schnaufte verächtlich. »Der Griff ist ziemlich kurz.«

Brokk nickte. »Das ist meine Schuld, denn ich habe den Blasebalg bedient. Aber bevor du ihn zurückweist, will ich dir erzählen, was diesen Hammer einzigartig macht. Er heißt Mjöllnir, der Blitzmacher. Zunächst einmal ist er unzerbrechlich – ganz gleich, wie hart du damit zuschlägst, der Hammer wird niemals Schaden nehmen.«

Thor sah interessiert aus. Im Laufe der Jahre hatte er schon sehr viele Waffen zerbrochen, meist weil er mit ihnen auf irgendetwas eingeschlagen hatte.

»Wenn du den Hammer wirfst, wird er sein Ziel niemals verfehlen.«

Thor sah noch ein wenig interessierter aus. Er hatte eine ganze Reihe hervorragender Waffen eingebüßt, indem er sie nach irgendwelchen lästigen Dingen geschleudert und verfehlt hatte; und er hatte zu viele Waffen weit in der Ferne verloren gehen sehen und nie zurückbekommen.

»Ganz gleich, mit wie viel Schwung oder wie weit du ihn wirfst, er wird stets in deine Hand zurückkehren.«

Nun lächelte Thor. Und der Donnergott lächelte wahrlich nicht oft.

»Du kannst die Größe des Hammers verändern. Er wird wachsen und ebenso schrumpfen, wenn du es wünschst, sodass du ihn unter deinem Hemd verstecken kannst.«

Thor klatschte vor Begeisterung in die Hände, und durch ganz Asgard hallte das Echo als lauter Donnerschlag.

»Und doch, wie du schon festgestellt hast«, sagte Brokk bekümmert, »ist der Griff des Hammers zu kurz. Das ist meine Schuld. Ich habe es nicht geschafft, den Blasebalg gleichmäßig zu bedienen, während mein Bruder Sindri ihn geschmiedet hat.«

»Die Kürze des Griffes ist bloß ein kleiner Schönheitsfehler«, sagte Thor. »Dieser Hammer wird uns vor den Reifriesen schützen. Dies ist das beste Geschenk, das ich je gesehen habe.«

»Er wird Asgard schützen. Er wird uns alle schützen«, sagte Odin beifällig.

»Wäre ich ein Riese, ich hätte große Angst vor Thor und seinem Hammer«, sagte Frey.

»Ja, es ist ein hervorragender Hammer. Aber Thor, was ist mit dem Haarschopf? Sifs wunderschöne goldene Haare!«, fragte Loki leicht verzweifelt.

»Was? Oh, ja. Meine Frau hat sehr hübsches Haar«, sagte Thor. »Nun. Zeig mir, wie man den Hammer wachsen und schrumpfen lassen kann, Brokk.«

»Thors Hammer ist sogar noch besser als mein wunderbarer Speer und mein hervorragender Armreif«, sagte Odin und nickte.

»Der Hammer ist größer und beeindruckender als mein Schiff und mein Eber«, sagte Frey anerkennend. »Er wird für die Sicherheit der Götter von Asgard sorgen.«

Die Götter klopften Brokk auf den Rücken und sagten ihm, dass er und Sindri die besten Geschenke geschmiedet hatten, die man ihnen jemals gemacht hatte.

»Gut zu wissen«, sagte Brokk und wandte sich an Loki. »Dann werde ich dir jetzt den Kopf abschlagen. Sindri wird hocherfreut sein. Wir können etwas Nützliches draus machen.«

»Ich … werde euch meinen Kopf abkaufen. Ich habe Schätze, die ich euch geben kann.«

»Sindri und ich haben bereits alle Schätze, die wir brauchen«, sagte Brokk. »Wir schmieden alle Schätze selbst. Nein, Loki. Ich will deinen Kopf.«

Loki dachte einen Augenblick nach und sagte schließlich: »Dann sollt ihr ihn haben. Wenn ihr mich fangen könnt.« Darauf sprang Loki hoch in die Luft und sauste weit über ihren Köpfen davon. Von einem Augenblick zum anderen war er verschwunden.

Brokk schaute Thor an. »Kannst du ihn fangen?«

Thor zuckte mit den Schultern. »Das sollte ich wohl lieber nicht. Andererseits würde ich sehr gern den Hammer ausprobieren.«

Kurz darauf kehrte Thor zurück und hielt Loki fest umklammert. Dieser schäumte vor ohnmächtiger Wut.

Brokk zog sein Messer hervor. »Komm her, Loki. Nun werde ich dir den Kopf abschneiden.«

»Natürlich«, sagte Loki. »Selbstverständlich kannst du mir den Kopf abschneiden. Aber – und ich wende mich an den mächtigen Odin – wenn du dabei auch nur ein Stück meines Halses mit abschneidest, verstößt du gegen die Abmachung. Versprochen war dir allein mein Kopf.«

Odin neigte den Kopf. »Loki hat recht. Du hast kein Recht, ihm den Hals abzuschneiden.«

Brokk war sichtbar verstimmt. »Aber ich kann ihm nicht den Kopf abschneiden, ohne ihm in den Hals zu schneiden.«

Loki sah sehr zufrieden mit sich aus. »Siehst du, die Leute müssten nur einmal genauer über ihre eigenen Worte nachdenken, dann würden sie es nicht wagen, sich mit Loki anzulegen, dem weisesten, klügsten, listigsten, intelligentesten, schönsten …«

Brokk flüsterte Odin einen Vorschlag zu.

»Das wäre gerecht«, stimmte Odin zu.

Brokk zog ein Stück Leder hervor und hob sein Messer. Er band das Leder um Lokis Mund und versuchte, das Leder mit der Messerspitze zu durchstechen.

»Es funktioniert nicht«, sagte Brokk. »Mein Messer schneidet dich nicht.«

»Klug wie ich bin, habe ich dafür gesorgt, dass ich vor Messerklingen geschützt bin«, sagte Loki unter dem Lederband. »Nur für den Fall, dass die Sache mit dem Du-darfst-meinen-Hals-nicht-abschneiden nicht geklappt hätte. Ich fürchte, kein Messer kann mir etwas anhaben!«

Brokk schnaufte und holte eine spitze Stechahle hervor, die man für Lederarbeiten benutzt, und diese stieß er so durch das Leder, dass sie Lokis Lippen durchbohrte. Dann nahm er einen starken Faden und nähte Lokis Lippen zusammen.

Brokk ging fort und ließ Loki mit zugenähtem Mund zurück, sodass er sich nicht beklagen konnte.

Nicht sprechen zu können, war für Loki weit unangenehmer als der Schmerz in seinen ans Leder genähten Lippen.

Nun wisst ihr also, wie die Götter ihre größten Schätze erhalten haben. Es war Lokis Schuld. Selbst Thors Hammer war Lokis Schuld. So war es eben mit Loki. Man verachtete ihn, selbst wenn man ihm am dankbarsten war, und dankbar war man ihm, selbst wenn man ihn am meisten hasste.

DER BAUMEISTER

Thor war in den Osten gezogen, um gegen Trolle zu kämpfen. Ohne ihn war Asgard ein weitaus friedlicherer, aber auch ungeschützter Ort. Dies war er in den frühen Tagen, kurz nach dem Abkommen zwischen den Asen und den Vanen, als die Götter sich ihre Heimstatt noch aufbauten.

»Wir können uns nicht immer auf Thor verlassen«, sagte Odin. »Wir brauchen Schutz. Riesen werden kommen. Trolle werden kommen.«

»Was schlägst du vor?«, fragte Heimdall, der Wächter der Götter.

»Eine Mauer«, sagte Odin. »Hoch genug, um Reifriesen abzuhalten. Dick genug, dass selbst der stärkste Troll sie nicht durchbrechen kann.«

»Der Bau einer Mauer«, sagte Loki, »die so hoch ist und so dick, würde viele Jahre in Anspruch nehmen.«

Odin nickte. »Und doch brauchen wir eine Mauer.«

Am nächsten Tag traf ein Fremder in Asgard ein. Es war ein großer Mann, gekleidet wie ein Schmied, und hinter ihm trabte ein Pferd – ein großer, grauer Hengst mit breitem Rücken.

»Man sagt, ihr braucht eine Mauer«, sagte der Fremde.

»Sprich weiter«, sagte Odin.

»Ich kann euch eine Mauer bauen«, sagte der Fremde. »So hoch, dass der größte Riese sie nicht erklimmen kann, so dick, dass der stärkste Troll sie nicht zu durchbrechen vermag. Ich werde einen Stein auf den anderen setzen, so dicht, dass nicht einmal eine Ameise einen Riss findet, durch den sie hindurchkriechen kann. Ich werde euch eine Mauer bauen, die tausend mal tausend Jahre hält.«

»Solch eine Mauer zu bauen, würde eine sehr lange Zeit dauern«, sagte Loki.

»Keineswegs«, erwiderte der Fremde. »Morgen ist der erste Tag des Winters. Ich bräuchte nur einen Winter, einen Sommer und einen weiteren Winter, um sie fertigzustellen.«

»Und wenn wir dich ließen«, sagte Odin, »was würdest du im Gegenzug von uns verlangen?«

»Mein Lohn wäre gering für das, was ich biete«, sagte der Mann. »Nur drei Dinge. Zuerst will ich die schöne Göttin Freyja zur Frau.«

»Das ist keine Kleinigkeit«, sagte Odin. »Und es sollte mich nicht wundern, wenn Freyja in dieser Angelegenheit ihre eigene Meinung hätte. Was wären die anderen beiden Forderungen?«

Der Fremde grinste frech. »Wenn ich eure Mauer baue, will ich Freyjas Hand und außerdem die Sonne, die bei Tag vom Himmel scheint, und ich will den Mond, der uns des Nachts sein Licht schenkt. Diese drei Dinge sind es, die ihr Götter mir geben werdet, wenn ich euch die Mauer baue.«

Die Götter schauten Freyja an. Sie sagte nichts, aber ihre Lippen waren fest aufeinandergepresst und ihr Gesicht weiß vor Zorn. Um ihren Hals trug sie Brisingamen, den Halsschmuck der Brisinge, der auf ihrer Haut leuchtete wie die Nordlichter. Ihr Haar war verflochten mit Gold, das beinahe so hell leuchtete wie ihr Haar selbst.

»Geh und warte draußen«, sagte Odin zu dem Fremden. Der Mann ging hinaus, nachdem er sich erkundigt hatte, woher er etwas zu essen und Wasser für seinen Hengst bekommen könne, der Svadilfari genannt wurde, was so viel bedeutet wie *der eine unglückliche Reise macht*.

Odin rieb sich die Stirn. Dann drehte er sich um und wandte sich an die anderen Götter. »Nun?«

Die Götter begannen durcheinanderzureden.

»Ruhe!«, rief Odin. »Einer nach dem anderen!«

Jeder der Götter und jede der Göttinnen hatte eine Meinung, aber in einem Punkt waren sich alle einig: Freyja, die Sonne und der Mond waren zu wichtig und zu wertvoll, um sie einem Fremden zu geben, selbst wenn er ihnen die Mauer in nur drei Jahreszeiten bauen konnte.

Freyja hatte dem noch etwas hinzuzufügen. Sie fand, der Mann solle für seine Dreistigkeit bestraft, aus Asgard hinausgeworfen und fortgejagt werden.

»Also«, sagte Odin, der Allvater, »wir haben uns entschieden. Wir lehnen ab.«

Ein trockenes Hüsteln drang aus einer Ecke der Halle an ihr Ohr. Es war die Art von Hüsteln, die Aufmerksamkeit auf sich ziehen soll, und die Götter wandten die Köpfe, um zu sehen, wer gehustet hatte. Es war Loki, der ihren Blick erwiderte und lächelte und einen Finger hob, als wolle er etwas Wichtiges zu Bedenken geben.

»Ich halte es für sinnvoll«, sagte er, »euch darauf hinzuweisen, dass ihr etwas Entscheidendes überseht.«

»Ich glaube nicht, dass wir irgendetwas übersehen haben, du ewiger Unruhestifter«, erwiderte Freyja säuerlich.

»Was ihr alle nicht beachtet«, sagte er, »ist die Tatsache, dass das, was der Fremde euch anbietet, schlicht unmöglich ist. Es gibt kein lebendiges Wesen, das eine so hohe und so dicke Mauer bauen könnte wie die, die er beschrieben hat, und diese auch noch in achtzehn Monaten vollendet. Kein

Riese und kein Gott würde das schaffen, ganz zu schweigen von einem Sterblichen. Darauf würde ich meine Haut verwetten.«

Alle Götter nickten und murmelten zustimmend und sahen beeindruckt aus. Alle außer Freyja, die zornig ihren Blick von einem zum anderen schweifen ließ.

»Ihr seid alle Narren«, sagte sie. »Besonders du, Loki, weil du dich für so klug hältst.«

»Was er anbietet«, sagte Loki, »ist unmöglich zu erfüllen. Daher schlage ich Folgendes vor: Wir stimmen seinen Forderungen und seinem Preis zu, stellen ihm aber strenge Bedingungen – er darf sich keine Hilfe holen für das Bauen der Mauer, und statt drei Jahreszeiten gewähren wir ihm nur einen Winter. Wenn am ersten Tag des Sommers die Mauer noch nicht fertig ist – und das kann sie unmöglich sein –, zahlen wir ihm gar nichts.«

»Warum sollte er sich darauf einlassen?«, fragte Heimdall.

»Und was bringt es uns, wenn wir am Ende gar keine Mauer haben?«, fragte Frey, Freyjas Bruder.

Loki versuchte, seine Ungeduld zu zügeln. Waren denn alle Götter Narren? Er erklärte es wie einem kleinen Kind. »Der Fremde wird beginnen, seine Mauer zu bauen. Er wird nicht fertig werden. Er wird sechs Monate lang arbeiten, ohne Lohn, mit vergeblicher Mühe. Am Ende der sechs Monate werden wir ihn fortjagen – wir können ihm sogar eine Tracht Prügel mit auf den Weg geben, weil er so anmaßend war. Und dann können wir das, was er bereits erreicht hat, als Fundament der Mauer nutzen, die wir in den darauffolgenden Jahren fertigstellen. Es besteht keine Gefahr, dass wir Freyja verlieren, ganz zu schweigen von der Sonne oder dem Mond.«

»Warum sollte er einwilligen, die Mauer in einem einzigen Winter zu bauen?«, fragte Tyr, der Gott des Krieges.

»Vielleicht willigt er nicht ein«, sagte Loki. »Aber er scheint sehr von sich überzeugt zu sein und niemand, der eine Herausforderung ablehnt.«

Die Götter nickten und klopften Loki auf den Rücken und nannten ihn einen sehr fähigen Burschen und sagten, dass es nur gut sei, dass sie so einen fähigen Burschen auf ihrer Seite hätten und dass sie sich nun ihr Fundament kostenlos würden bauen lassen. Und sie gratulierten sich gegenseitig zu ihrer Klugheit und ihrem Verhandlungsgeschick.

Freyja sagte nichts. Sie berührte ihren Halsschmuck aus Licht, das Geschenk der Brisinge. Diese Kette war ihr einst von Loki in der Gestalt eines Seehunds gestohlen worden, als sie gebadet hatte. Heimdall hatte sich daraufhin ebenfalls in einen Seehund verwandelt und mit Loki gekämpft, um ihr den Schmuck zurückzubringen. Sie hatte also allen Grund, Loki nicht zu trauen. Und der Verlauf, den das Gespräch genommen hatte, gefiel ihr gar nicht.

Die Götter riefen den Baumeister in ihre Halle.

Er schaute sie der Reihe nach an. Sie alle schienen guter Dinge zu sein, sie grinsten, stießen einander an und lächelten. Nur Freyja lächelte nicht.

»Nun?«, fragte der Baumeister.

»Du hast uns um drei Jahreszeiten gebeten«, sagte Loki. »Wir geben dir einen Winter, und nur diesen einen. Morgen ist der erste Tag des Winters. Bist du am ersten Tag des Sommers mit deiner Arbeit nicht fertig, wirst du ohne Lohn von hier fortgehen. Doch hast du die Mauer bis dahin gebaut, so hoch und so dick und so undurchdringlich wie abgesprochen, sollst du alles bekommen, worum du gebeten hast: den Mond, die Sonne und die schöne Freyja. Aber du darfst dir beim Bau der Mauer von niemandem helfen lassen, du musst sie ganz allein errichten.«

Eine Weile sprach der Fremde kein Wort. Er blickte in die Ferne und schien Lokis Bedingungen abzuwägen. Dann sah er die Götter an und zuckte mit den Schultern. »Ihr sagt, ich darf keine Hilfe annehmen. Ich möchte aber, dass mein Pferd, Svadilfari, mir dabei hilft, die Steine hierher zu schleppen, die ich brauche, um die Mauer zu bauen. Ich denke nicht, dass dies eine unverhältnismäßige Bitte ist.«

»Es ist nicht unverhältnismäßig«, sagte Odin, und auch die anderen Götter nickten und räumten ein, dass Pferde gut dafür geeignet seien, schwere Steine herbeizuschaffen.

Dann legten sie Eide ab, die mächtigsten aller Eide, die Götter ebenso wie der Fremde, dass keine Seite die andere betrügen dürfe. Sie schworen bei ihren Waffen, und sie schworen bei Draupnir, Odins goldenem Armreif, und sie schworen bei Gungnir, Odins Speer, und ein Schwur auf Gungnir war nicht zu brechen.

Am nächsten Morgen erhoben sich die Götter bei Sonnenaufgang, um sich anzuschauen, wie der Mann ans Werk ging. Er spuckte in die Hände und begann, den Graben auszuheben, in den die ersten Steine gelegt werden sollten.

»Er gräbt tief«, sagte Heimdall.

»Er gräbt schnell«, sagte Frey, Freyjas Bruder.

»Nun ja, offenbar ist er sehr gut darin, Gräben auszuheben«, sagte Loki missmutig. »Aber denkt daran, wie viele Steine er aus dem Gebirge herbeischaffen muss. Einen Graben auszuheben, ist das eine. Etwas ganz anderes ist es, viele Meilen weit ohne Hilfe Steine zu schleppen und dann einen auf den anderen zu setzen, und zwar so eng, dass keine Ameise hindurchkriechen kann – und das Ganze höher zu bauen, als der größte Riese hoch ist.«

Freyja blickte Loki angewidert an, aber sie sagte nichts.

Als die Sonne unterging, bestieg der Baumeister sein Pferd und ritt aufs Gebirge zu, um die ersten Steine zu holen. Das Pferd zog einen niedrigen Schlitten zum Transport der Steine über die weiche Erde. Die Götter sahen zu, wie der Fremde davonritt. Der Mond stand hoch und bleich am frühwinterlichen Himmel.

»In einer Woche wird er wiederkommen«, sagte Loki. »Ich bin gespannt, wie viele Steine das Pferd ziehen kann. Es sieht stark aus.«

Dann begaben sich die Götter in ihre Festhalle, wo sie sich der Freude und dem Gelächter hingaben. Nur Freyja lachte nicht mit.

Vor Sonnenaufgang begann es zu schneien, vereinzelte, zarte Schneeflocken, ein erstes Vorzeichen der starken Schneefälle, die der Winter bereithielt.

Heimdall, der alles sah, was sich Asgard näherte, und dem nichts entging, weckte die Götter, als es noch dunkel war. Sie versammelten sich bei dem Graben, den der Fremde am Tag zuvor ausgehoben hatte, und beobachteten im langsam anbrechenden Tageslicht, wie der Baumeister neben seinem Pferd einherschritt und auf sie zukam.

Das Pferd zog ausdauernd zwanzig Blöcke Granit, die so schwer waren, dass sich der Schlitten tief in die schwarze Erde grub.

Als der Mann die Götter erblickte, winkte er ihnen zu und wünschte ihnen fröhlich einen guten Morgen. Er deutete zur aufgehenden Sonne und zwinkerte ihnen zu. Dann band er sein Pferd vom Schlitten los und ließ es grasen, während er den ersten Granitblock hochwuchtete und in den Graben hinabsenkte.

»Das Pferd ist tatsächlich stark«, sagte Balder, der schönste aller Asen. »Kein gewöhnliches Pferd könnte derart schwere Steine schleppen.«

»Es ist stärker, als wir dachten«, sagte Kvasir der Weise.

»Ach was«, sagte Loki. »Das Pferd wird bald müde werden. Das war ja erst sein erster Arbeitstag. Es wird nicht jede Nacht so viele Steine hierherschleppen können. Außerdem kommt der Winter. Der Schnee wird hoch und fest sein, die Stürme werden ihm die Sicht nehmen und der Weg zum Berg wird immer schwerer. Es gibt keinen Grund zur Sorge. Es verläuft alles nach Plan.«

»Ich hasse dich so sehr«, sagte Freyja, ohne zu lächeln, neben Loki. Sie ging in der Dämmerung zurück nach Asgard, blieb nicht, um zuzusehen, wie der Fremde die Fundamente seiner Mauer errichtete.

Jede Nacht brachen der Baumeister und sein Pferd ins Gebirge auf. Jeden Morgen kehrten sie zurück, und jedes Mal schleppte das Pferd zwanzig weitere Blöcke Granit herbei, jeder einzelne davon höher als der größte Mann.

An jedem Tag wuchs die Mauer, und an jedem Abend war sie höher und stattlicher als zuvor.

Odin rief die Götter zu sich.

»Die Mauer wächst rasch«, sagte er, »und wir haben einen unverbrüchlichen Eid geleistet, auf Draupnir und den Speer, dass wir ihm die Sonne und den Mond und die Hand von Freyja der Schönen geben, wenn er rechtzeitig fertig wird.«

Kvasir der Weise, sagte: »Kein Mann vermag das, was dieser Baumeister schafft. Ich vermute, dass er etwas anderes ist als ein Mensch.«

»Ein Riese«, sagte Odin. »Vielleicht.«

»Wenn nur Thor hier wäre.« Balder seufzte.

»Thor macht im Osten mit seinem Hammer Trollen den Garaus«, sagte Odin. »Und selbst wenn er zurückkehrte, sind unsere Eide machtvoll und binden uns.«

Loki versuchte, sie zu beruhigen. »Wir führen uns auf wie alte Weiber und zerbrechen uns die Köpfe um nichts und wieder nichts. Der Baumeister kann die Mauer nicht bis zum ersten Tag des Sommers fertigstellen, selbst wenn er der mächtigste Riese im ganzen Land wäre. Es ist unmöglich.«

»Ich wünschte, Thor wäre hier«, sagte Heimdall. »Er wüsste, was zu tun ist.«

Der Schnee fiel, doch obwohl er bald hoch lag, hielt er den Baumeister nicht auf und ließ auch Svadilfari, sein Pferd, nicht langsamer werden. Der graue Hengst zog seinen Schlitten mit den hoch aufgetürmten Steinen durch Schneetreiben und wilde Stürme, zog ihn steile Hänge hinauf und durch eisige Schluchten wieder hinab.

Die Tage wurden länger.

Jeden Morgen brach die Dämmerung früher herein. Der Schnee begann zu schmelzen, und der feuchte Schlamm darunter war dick und schwer, jene Art von Schlamm, die einem an den Stiefeln kleben bleibt und jeden Schritt mühselig macht.

»Das Pferd wird niemals die Steine durch diesen Schlamm ziehen können«, sagte Loki. »Der Schlitten wird einsinken, und das Tier wird aus dem Tritt kommen.«

Aber Svadilfari kam nicht aus dem Tritt, zog selbst im dicksten, feuchtesten Schlamm unerbittlich die Steine nach Asgard, auch wenn der Schlitten so schwer war, dass er tiefe Furchen in die Hänge schnitt. Und waren sie angekommen, hievte der Baumeister die Steine Hunderte von Metern hoch und setzte jeden mit eigener Kraft an seinen Platz.

Der Schlamm trocknete und die Frühlingsblumen kamen zum Vorschein; gelber Huflattich und weiße Windröschen im Überfluss – und die Mauer rund um Asgard war ein prächtiges, beeindruckendes Gebilde geworden. War sie erst einmal fertiggestellt, würde sie undurchdringlich sein: Kein Riese, kein Troll, kein Zwerg, kein Sterblicher würde sie durchbrechen können. Und der Fremde fuhr fort, sie mit unerschütterlich guter Laune zu bauen. Es schien ihn nicht zu kümmern, ob es regnete oder schneite, und sein Pferd ebenso wenig. Jeden Morgen brachten sie die Steine vom Gebirge, und jeden Tag fügte der Baumeister den Granitblöcken eine neue Lage hinzu. Bald war der letzte Tag des Winters gekommen und die Mauer so gut wie vollendet.

Die Götter saßen in ihrem Thronsaal in Asgard und redeten miteinander.

»Die Sonne«, sagte Balder. »Wir haben die Sonne fortgegeben.«

»Wir haben den Mond an den Himmel gesetzt, um die Tage und die Wochen und die Jahre zu bemessen«, sagte Bragi, der Gott der Dichtkunst, schwermütig. »Nun wird es keinen Mond mehr geben.«

»Und Freyja, was sollen wir nur ohne Freyja tun?«, fragte Tyr.

»Wenn der Baumeister tatsächlich ein Riese ist«, sagte Freyja mit eisiger Stimme, »dann werde ich ihn heiraten und ihm nach Jötunheim folgen. Ich bin schon gespannt, wen ich mehr hassen werde – ihn, weil er mich fortgeholt hat, oder euch alle, weil ihr mich ihm gegeben habt.«

»Nun, seid nicht so«, begann Loki, doch Freyja unterbrach ihn und sagte: »Wenn dieser Riese mich tatsächlich mitnimmt und dazu die Sonne und den Mond, dann erbitte ich nur eines von den Göttern Asgards.«

»Was immer du willst«, sagte Odin, der Allvater, der bis jetzt geschwiegen hatte.

»Ich will denjenigen, der dieses Unheil über uns gebracht hat, tot sehen, bevor ich gehe«, sagte Freyja. »Das wäre nur gerecht. Wenn ich ins Land der Reifriesen ziehen muss und wenn die Sonne und der Mond vom Himmel genommen werden und die Welt in ewige Finsternis getaucht wird, dann sollte das Leben des Schuldigen verwirkt sein.«

»Ach«, sagte Loki. »Schuldzuweisungen sind so schwierig. Wer weiß schon noch genau, wer was vorgeschlagen hat? Soweit ich mich erinnere, sind alle Götter gleichermaßen für diesen unglücklichen Fehler verantwortlich. Wir haben es gemeinsam vorgeschlagen und uns gemeinsam darauf geeinigt …«

»*Du* hast es vorgeschlagen«, sagte Freyja. »*Du* hast diesen Narren die Idee in den Kopf gesetzt. Und ich werde dich tot sehen, bevor ich Asgard verlasse.«

»Wir alle …«, begann Loki, aber er sah den Ausdruck auf den Gesichtern der Götter in der Halle und hielt lieber den Mund.

»Loki, Sohn der Laufey«, sagte Odin, »dies ist das Ergebnis deines schlechten Rates.«

»Und er war ebenso schlecht wie all deine Ratschläge«, sagte Balder. Loki warf ihm einen verächtlichen Blick zu.

»Wir müssen dafür sorgen, dass der Baumeister die Abmachung nicht erfüllt«, sagte Odin. »Und das, ohne den Eid zu verletzen. Er muss scheitern.«

»Ich weiß nicht, was du von mir erwartest«, sagte Loki.

»Von dir erwarte ich gar nichts«, sagte Odin. »Aber wenn der Baumeister Erfolg hat und er seine Mauer bis zum Ende des morgigen Tages fertigstellt, wird dein Tod schmerzhaft sein und lange andauern und darüber hinaus schlimm und schändlich sein.«

Loki blickte von einem Gott zum anderen, und in jedem Gesicht sah er Wut und Abscheu und seinen eigenen Tod. Gnade oder Vergebung sah er nicht.

Es würde wahrlich ein schlimmer Tod sein. Aber was hatte er für eine Wahl? Was konnte er tun? Er wagte es nicht, den Baumeister anzugreifen. Andererseits …

Loki nickte. »Überlasst es mir.«

Er ging aus der Halle, und keiner der Götter versuchte, ihn aufzuhalten.

Der Baumeister legte derweil die letzten Steine des Tages auf die Mauer. Morgen, am Ende des ersten Tages des Sommers, wenn die Sonne unterging, würde er die Arbeit beenden und Asgard mit seinem Lohn verlassen. Nur noch zwanzig weitere Granitblöcke fehlten. Er kletterte das grob gezimmerte Holzgerüst herab und pfiff nach seinem Pferd.

Svadilfari weidete wie üblich im hohen Gras am Rande des Waldes, beinahe eine halbe Meile von der Mauer entfernt, aber der Hengst kam, wann immer sein Herr nach ihm pfiff.

Der Baumeister griff nach dem Zaumzeug, das an dem leeren Schlitten befestigt war, um es seinem großen grauen Pferd umzulegen. Die Sonne stand tief am Himmel, aber es würde noch Stunden dauern, bis sie unterging, und die Scheibe des Mondes war noch bleich. Auch sie stand schon dort, hoch oben am Himmel. Bald würden sie beide ihm gehören, das große und das kleine Licht, und ebenso Freyja, die noch schöner war als Sonne und Mond. Doch der Baumeister würde sich nicht zu früh freuen. Er hatte so hart gearbeitet und so lang, den ganzen Winter hindurch …

Wieder pfiff er nach dem Pferd. Merkwürdig – niemals zuvor war ein zweiter Pfiff nötig gewesen. Er konnte Svadilfari bereits sehen, wie er seine Mähne schüttelte und durch die wilden Blumen auf der Frühlingswiese tollte. Das Pferd machte einen Schritt vor und einen zurück, als würde es etwas Verlockendes in der warmen Luft des Frühlingsabends wahrnehmen, ohne zu wissen, was den Geruch verströmte.

»Svadilfari!«, rief der Baumeister, und der Hengst stellte seine Ohren auf und galoppierte geschwind über die Wiese auf ihn zu.

Der Baumeister war zufrieden, als sein Pferd sich ihm näherte. Das Klappern der Hufe schallte ihm entgegen, vervielfacht von den Echos, die von der hohen Mauer aus Granitstein widerhallten, sodass es dem Baumeister einen Augenblick lang erschien, als würde ihm eine ganze Herde entgegenreiten.

Nein, dachte der Baumeister, es ist bloß ein einzelnes Pferd.

Dann aber schüttelte er den Kopf und bemerkte seinen Irrtum. Es war nicht ein einzelnes Pferd. Nach dem Klang der Hufe mussten es *zwei* sein …

Das andere Pferd war eine kastanienbraune Stute. Der Baumeister wusste sofort, dass es sich um eine Stute handelte – er musste nicht erst zwischen ihre Beine schauen. Ihr ganzer Umriss, jeder Fleck ihres Körpers, alles an diesem Fuchs war weiblich. Svadilfari umkreiste sie, wurde langsamer, bäumte sich auf und wieherte laut.

Die kastanienbraune Stute beachtete ihn nicht. Sie blieb stehen, als wäre er nicht da, senkte ihren Kopf und begann, Gras zu fressen. Doch als Svadilfari sich bis auf zwanzig Meter genähert hatte, lief sie vor ihm davon. Sie verfiel in einen Galopp, und der graue Hengst stürmte ihr nach, um sie zu fangen. Ein, zwei Längen blieb er hinter ihr, versuchte, ihren Rumpf und ihren Schweif mit der Schnauze zu berühren, verfehlte sie jedoch jedes Mal.

Gemeinsam stürmten sie über die Wiese, eingetaucht in das weiche goldene Licht des ausgehenden Tages, das graue Pferd und das braune, und der Schweiß funkelte auf ihren Flanken. Es sah beinahe aus wie ein Tanz.

Der Baumeister klatschte laut in die Hände und pfiff und rief Svadilfaris Namen, aber der Hengst achtete nicht auf ihn.

Der Baumeister rannte auf die Wiese, um sein Pferd einzufangen und zurückzuholen. Und fast schien es, als wisse die kastanienbraune Stute, was er vorhatte, denn sie wurde langsamer, rieb ihre Ohren und ihre Mähne am Kopf des Hengstes und preschte im nächsten Augenblick davon, als wären die Wölfe hinter ihr her, immer weiter auf den Waldrand zu. Svadilfari stürmte hinterher, und schon bald waren beide im Dunkel des Waldes verschwunden.

Der Baumeister fluchte und spuckte und wartete darauf, dass sein Pferd wieder auftauchte.

Die Schatten wurden länger, aber Svadilfari kehrte nicht zurück.

Der Baumeister begab sich zu seinem Schlitten. Er schaute zum Wald hinüber. Dann spuckte er in die Hände, griff nach den Seilen und begann, den Schlitten über die Wiese und die Frühlingsblumen zum Steinbruch im Gebirge zu ziehen.

Bei Sonnenaufgang war er noch nicht zurück. Die Sonne stand bereits hoch am Himmel, als der Baumeister Asgard mit dem Schlitten erreichte, den er hinter sich herzog.

Zehn Steinblöcke lagen darauf, mehr bewältigte er nicht. Er zog und zerrte den Schlitten und verfluchte die Steine, aber mit jedem Schritt kam er der Mauer ein gutes Stück näher.

Die schöne Freyja stand am Toreingang und beobachtete ihn.

»Du hast nur zehn Steinblöcke bei dir«, sagte sie zu ihm. »Du wirst die doppelte Menge brauchen, um unsere Mauer fertigzustellen.«

Der Baumeister erwiderte nichts. Er zog die Blöcke auf das unvollendete Tor zu, sein Gesicht eine ausdruckslose Maske. Kein Lächeln war darauf zu sehen, und er zwinkerte auch nicht – nicht mehr.

»Thor kommt aus dem Osten zurück«, sagte Freyja zu ihm. »Er wird bald wieder bei uns sein.«

Die Götter von Asgard traten ins Freie, um dem Baumeister dabei zuzusehen, wie er die Steine zur Wand schleppte. Sie stellten sich schützend um Freyja.

Anfangs sahen sie ihm schweigend zu, dann aber begannen sie zu lächeln und zu kichern und ihm zuzurufen.

»Hey!«, rief Balder. »Die Sonne bekommst du nur, wenn du die Mauer fertigstellst. Glaubst du, du wirst die Sonne mit nach Hause nehmen können?«

»Und den Mond«, sagte Bragi. »Wie schade, dass du dein Pferd nicht bei dir hast. Es hätte alle Steine tragen können, die du noch brauchst.«

Und die Götter lachten.

Daraufhin ließ der Baumeister seinen Schlitten los und blickte die Götter an. »Ihr habt betrogen!« Sein Gesicht war scharlachrot vor Anstrengung und Wut.

»Wir haben nicht betrogen«, sagte Odin. »Nicht mehr als du uns betrogen hast. Glaubst du, wir hätten dich unsere Mauer bauen lassen, wenn wir gewusst hätten, dass du ein Riese bist?«

Der Baumeister hob mit einer Hand einen Stein auf und hieb damit auf einen anderen ein, sodass der Granitblock entzweibrach. Mit einem halben Stein in jeder Hand wandte er sich den Göttern zu, war nun sechs, neun, fünfzehn Meter groß. Er verzog das Gesicht und sah nicht mehr aus wie der Fremde, der zu Beginn des Winters in Asgard eingetroffen war, nicht mehr friedlich und gelassen. Nun erschien sein Gesicht wie das zerklüftete Antlitz einer Felsenklippe, in das sich Wut und Hass gegraben hatten.

»Ich bin ein Bergriese«, sagte er. »Und ihr Götter seid nichts als Betrüger und niederträchtige Eidbrecher. Hätte ich noch mein Pferd, würde ich eure Mauer jetzt vollenden. Ich würde die schöne Freyja und die Sonne und den Mond mit mir nehmen. Und ich würde euch hier in der Dunkelheit und der Kälte zurücklassen, ohne Schönheit, an der ihr euch erfreuen könntet.«

»Kein Eid wurde gebrochen«, sagte Odin. »Aber kein Eid kann dich jetzt vor uns beschützen.«

Der Bergriese brüllte vor Wut und stürmte den Göttern entgegen, in jeder Hand einen riesigen Brocken Granit wie eine Keule erhoben.

Die Götter traten beiseite, und erst jetzt sah der Riese, wer hinter ihnen stand. Ein großer, rotbärtiger und muskulöser Gott, der eiserne Handschuhe trug und einen eisernen Hammer, den er einmal schwang. Er ließ den Hammer los, als er auf den Riesen wies.

Ein Blitz zuckte vom heiteren Himmel, gefolgt vom dumpfen Grollen des Donners, als der Hammer Thors Hand verließ.

Der Bergriese sah, wie der Hammer rasend schnell größer wurde, während er ihm entgegenwirbelte, und dann sah er nichts mehr, nie wieder.

Die Götter beendeten den Bau der Mauer selbst, allerdings brauchten sie noch viele weitere Wochen, um die letzten zehn Blöcke aus dem Steinbruch im Gebirge abzutragen, den ganzen Weg nach Asgard zu schleppen und sie schließlich über dem Tor anzubringen. Sie waren längst nicht so gut geformt und nicht so passgenau eingefügt wie die Blöcke, die der Baumeister selbst angebracht hatte.

Einige Götter meinten, man hätte den Riesen die Mauer weiterbauen lassen und warten sollen, bevor Thor ihn tötete. Thor aber wusste es durchaus zu schätzen, dass die Götter ihm nach seiner Heimkehr aus dem Osten solch ein Begrüßungsgeschenk gemacht hatten.

Seltsamerweise war Loki nicht zur Stelle, um sich dafür loben zu lassen, wie er den Hengst Svadilfari fortgelockt hatte. Niemand wusste, wo er steckte, aber es hieß, dass eine herrliche kastanienbraune Stute auf den Wiesen vor Asgard gesehen worden war. Loki blieb den Großteil des Jahres fort, und als er wieder auftauchte, begleitete ihn ein graues Fohlen.

Es war ein wunderschönes Fohlen, auch wenn es acht Beine hatte statt der üblichen vier. Es folgte Loki, ganz gleich, wohin er ging, es stieß ihn mit der Schnauze an und behandelte Loki, als wäre er seine Mutter. Was auch der Fall war.

Aus dem Fohlen wurde ein Pferd namens Sleipnir, ein grauer Hengst, das schnellste und stärkste Pferd, das es jemals gegeben hatte und jemals geben wird, ein Pferd, schneller als der Wind.

Loki übergab Sleipnir, das beste Pferd unter Göttern und Menschen, als Geschenk an Odin.

Viele sollten später Odins Pferd bewundern, aber nur sehr Mutige trauten sich, in Lokis Gegenwart seine Abstammung anzusprechen. Es ein zweites Mal zu erwähnen, wagte niemand. Loki machte jedem das Leben schwer, der darüber redete, wie er Svadlifari von seinem Herrn fortgelockt und wie er die Götter vor dem Ergebnis seiner eigenen schlechten Idee bewahrt hatte. Und Loki konnte überaus nachtragend sein.

So aber haben die Götter ihre Mauer bekommen.

LOKIS KINDER

Loki sah gut aus, und das wusste er auch. Man wollte ihn mögen, man wollte ihm glauben, aber er war bestenfalls unzuverlässig und ichbezogen, schlimmstenfalls durchtrieben und böse. Verheiratet war er mit einer Frau namens Sigyn, die glücklich und schön gewesen war, als Loki ihr den Hof gemacht hatte, nun aber aussah, als erwarte sie ständig schlimme Neuigkeiten. Sie gebar ihm einen Sohn, Narfi, und kurz darauf einen weiteren Sohn, Vali.

Manchmal verschwand Loki für eine längere Zeit, und dann sah Sigyn aus, als erwarte sie die schlimmste Nachricht von allen. Doch Loki kam jedes Mal zu ihr zurück. Dann sah er fahrig und schuldbewusst aus und zugleich so, als sei er ungemein stolz auf sich.

Drei Mal ging er fort, drei Mal kehrte er – schließlich – wieder.

Als Loki zum dritten Mal nach Asgard zurückkam, rief Odin ihn zu sich.

»Ich habe einen Traum geträumt«, sagte der weise, einäugige Gott. »Du hast Kinder.«

»Ich habe einen Sohn, Narfi. Ein guter Junge, auch wenn ich zugeben muss, dass er nicht immer auf seinen Vater hört, und noch einen Sohn, Vali, der ist gehorsam und bescheiden.«

»Die meine ich nicht. Du hast drei weitere Kinder, Loki. Du hast dich davongeschlichen, um deine Tage und Nächte im Land der Reifriesen mit der Riesin Angrboda zu verbringen. Und sie hat dir drei Kinder geboren. Ich habe sie im Geiste vor mir gesehen, während ich schlief, und meine Träume sagen mir, dass sie in zukünftigen Zeiten die erbittertsten Gegner der Götter sein werden.«

Loki sagte nichts. Er versuchte, beschämt auszusehen, wirkte aber, als sei er ganz mit sich zufrieden.

Odin rief die Götter zu sich, allen voran Tyr und Thor, und wies sie an, nach Jötunheim, ins Riesenland, zu ziehen, um Lokis Kinder nach Asgard zu holen.

Die Götter reisten also ins Land der Riesen und kämpften gegen manche Gefahr, bis sie schließlich Angrbodas Feste erreichten. Sie wurden nicht erwartet, und Angrboda hatte ihren Kindern erlaubt, in der großen Halle zu spielen. Die Götter waren entsetzt, als sie sahen, was Lokis und Angrbodas Kinder waren, aber das hielt sie nicht auf. Sie fingen die Kinder und fesselten sie. Das Älteste von ihnen banden sie an einen kahlen Kiefernstamm und trugen es zwischen sich. Dem mittleren Kind legten sie einen Knebel aus Weidenzweigen an und banden ein Seil als Leine um seinen Hals. Das Jüngste der drei Kinder lief neben ihnen her, bedrückt und verstört.

Diejenigen, die rechts von diesem dritten Kind gingen, sahen ein wunderschönes junges Mädchen, während diejenigen links von ihr versuchten, sie gar nicht anzuschauen, denn sie erblickten ein totes Mädchen, dessen Haut und Fleisch schwarz waren vor Verwesung.

»Ist dir etwas aufgefallen?«, fragte Thor Tyr am dritten Tag ihrer Rückreise durch das Land der Riesen. Sie hatten für die Nacht ein Lager auf einer kleinen Lichtung aufgeschlagen, und Tyr kraulte den pelzigen Nacken von Lokis zweitem Kind mit seiner gewaltigen rechten Hand.

»Was?«

»Sie verfolgen uns nicht, die Riesen. Nicht einmal die Mutter dieser Geschöpfe ist hinter uns her. Es ist, als wollten sie, dass wir Lokis Kinder aus Jötunheim wegbringen.«

»Das ist doch dummes Gerede«, sagte Tyr, aber obwohl das Feuer warm vor ihm brannte, schauderte er bei seinen eigenen Worten.

Nach zwei weiteren Tagen beschwerlicher Reise erreichten sie Odins Halle.

»Dies sind Lokis Kinder«, sagte Tyr kurz und knapp.

Lokis erstes Kind war an einen Kiefernstamm gefesselt worden und inzwischen größer als der Stamm. Es hieß Jörmungand, und es war eine Schlange. »Sie ist um einige Meter gewachsen, seit wir sie gefangen haben«, sagte Tyr.

Thor sagte: »Vorsicht. Sie kann brennendes, schwarzes Gift spucken. Sie spuckte damit nach mir, hat aber nicht getroffen. Deshalb haben wir ihren Kopf so fest an den Stamm gebunden.«

»Sie ist ein Kind«, sagte Odin. »Sie wächst also noch. Wir werden sie dorthin schicken, wo sie niemandem etwas zuleide tun kann.«

Odin brachte die Schlange ans Ufer des Meeres am Rande der Welt, des Meeres, das auch Midgard umgibt. An jenem Strand ließ er Jörmungand frei und sah zu, wie die Schlange in die Wellen glitt und davonschwamm, dabei Kreise und Schleifen durchs Wasser zog.

Odin beobachtete sie mit seinem einen Auge, bis sie am Horizont verschwunden war, und fragte sich, ob er richtig gehandelt hatte. Er wusste es nicht. Er hatte getan, was ihm sein Traum gesagt hatte, aber Träume wissen mehr, als sie verraten, selbst dem weisesten der Götter.

Und so wuchs die Schlange unter den grauen Wassern des Ozeans, wuchs, bis sie die ganze Welt umschlungen hatte, und die Menschen nannten sie die Midgardschlange.

Odin kehrte in die große Halle zurück und befahl Lokis Tochter, vorzutreten.

Er starrte das Mädchen an: Auf der rechten Seite ihres Gesichts war ihre Wange rosig und weiß, ihr Auge hatte das Grün von Lokis Augen, und ihre Lippen waren voll und karminrot. Auf der linken Seite aber war ihre Haut fleckig und zerschrammt, angeschwollen vor Schwären, ihr blindes Auge verrottet und bleich, ihr lippenloser Mund verrunzelt und über ihre braunen Zähne hinaufgezogen.

»Wie nennt man dich, Mädchen?«, fragte der Allvater.

»Man nennt mich Hel«, antwortete sie, »wenn es dir recht ist, Allvater.«

»Du bist ein höfliches Kind«, sagte Odin. »Das muss ich dir lassen.«

Hel sagte nichts, schaute ihn bloß mit ihrem grünen Auge an, der Blick scharf wie ein Eiszapfen, und mit ihrem fahlen Auge, das matt war und nutzlos und tot; und er sah keine Angst in ihr.

»Bist du lebendig?«, fragte er das Mädchen. »Oder bist du tot?«

»Ich bin nur ich selbst, Hel, Tochter der Angrboda und des Loki«, sagte sie. »Und alles, was tot ist, mag ich am liebsten. Es ist leichter mit den Toten, sie sprechen respektvoll zu mir. Die Lebenden schauen mich bloß voller Abscheu an.«

Odin dachte über das Mädchen nach, und wieder kamen ihm seine Träume in den Sinn. Dann sagte er: »Dieses Mädchen soll den tiefsten der dunklen Orte beherrschen, soll Herrscherin der Toten aller neun Welten sein. Sie wird die Königin der armen Seelen, die auf unwürdige Weise sterben – durch Krankheit oder hohes Alter, durch Unfälle oder im Kindbett. Krieger, die im Kampfe sterben, werden immer hierher zu uns kommen, nach Walhall. Doch diejenigen, die eines anderen Todes sterben, sollen ihr Volk sein und ihr in ihrer Dunkelheit beistehen.«

Zum ersten Mal, seit sie ihrer Mutter geraubt worden war, lächelte das Mädchen mit halbem Mund.

Odin nahm Hel mit hinab in die lichtlose Welt, und er zeigte ihr die riesige Halle, in der sie ihre Untertanen empfangen sollte. Dann sah er zu, wie sie ihren Besitztümern Namen gab. »Meine Schale werde ich Hunger nennen«, sagte Hel. Sie nahm ein Messer auf. »Dies nenne ich Armut. Und mein Bett soll Siechtum heißen.«

Damit war für zwei der Kinder, die Loki mit Angrboda gezeugt hatte, gesorgt. Eines war im Ozean, das andere in der Finsternis unter der Erde. Doch was sollte mit dem dritten geschehen?

Als sie das dritte und kleinste von Lokis Kindern aus dem Land der Riesen geholt hatten, war es so groß wie ein Welpe gewesen, und Tyr hatte ihm den Nacken und den Kopf gekrault und mit ihm gespielt, nachdem er ihm den Weidenmaulkorb abgenommen hatte. Es war ein junger Wolf, grau und schwarz, und seine Augen hatten die Farbe von dunklem Bernstein.

Das Wolfsjunge aß sein Fleisch roh, aber es sprach in der Sprache der Menschen und der Götter, und es war stolz. Das kleine Ungeheuer wurde Fenrir genannt. Auch Fenrir wuchs schnell. Eben hatte er noch die Größe eines Wolfs, am nächsten Tag die eines Bären und dann war er so groß wie ein ausgewachsener Elch.

Die Götter waren von ihm eingeschüchtert, alle außer Tyr. Er spielte und tollte mit ihm herum und er allein brachte dem Wolf sein Fleisch. Jeden Tag fraß das Ungeheuer mehr als am Tag zuvor, und jeden Tag wuchs es und wurde wilder und stärker.

Odin sah voller böser Vorahnung, wie das Wolfsjunge wuchs. In seinen Träumen stand der Wolf am Ende der Zeit, und am Schluss eines jeden Traumes von der Zukunft erblickte Odin die bernsteinfarbenen Augen und die scharfen weißen Zähne des Fenriswolfes.

Die Götter hielten Rat und beschlossen, Fenrir zu fesseln.

Sie fertigten schwere Ketten und Fußeisen in den Schmieden der Götter und trugen diese zu Fenrir.

»Hier!«, sagten die Götter, als wollten sie ihm ein neues Spiel zeigen. »Du bist so rasch gewachsen, Fenrir. Es ist an der Zeit, deine Kraft zu prüfen. Wir haben hier die schwersten Ketten und Fußfesseln. Glaubst du, dass du sie brechen kannst?«

»Ich glaube, dass ich es kann«, sagte der Fenriswolf. »Fesselt mich.«

Die Götter legten Fenrir die riesigen Ketten um und fesselten seine Pfoten. Er ließ es geschehen, ohne sich zu rühren. Die Götter lächelten einander an, während sie den riesigen Wolf in Ketten legten.

»Jetzt!«, rief Thor.

Fenrir bäumte sich auf und spannte die Muskeln seiner Läufe an, und schon brachen die Ketten wie trockene Zweige.

Der große Wolf heulte den Mond an, es war ein Heulen des Triumphs und der Freude. »Ich habe eure Ketten abgeworfen«, sagte er. »Vergesst das nicht.«

»Wir werden es nicht vergessen«, sagten die Götter.

Am nächsten Tag brachte Tyr dem Wolf sein Fleisch.

»Ich habe die Fesseln abgeworfen«, sagte Fenrir, »und es war ganz leicht.«

»Das hast du«, sagte Tyr.

»Glaubst du, sie werden mich noch einmal prüfen? Ich wachse noch, und jeden Tag werde ich stärker.«

»Sie werden dich noch einmal prüfen. Darauf würde ich meine rechte Hand verwetten«, sagte Tyr.

Der Wolf wuchs weiter, und die Götter stiegen in ihre Werkstätten hinab, um neue Ketten zu schmieden. Jedes einzelne Glied der Ketten war zu schwer, als dass sie ein einzelner Mann hätte heben können. Das Metall der Ketten war das härteste Metall, das die Götter hatten finden können: Eisen aus der Erde verbunden mit Eisen, das vom Himmel gefallen war. Diese Ketten nannten sie Dromi.

Die Götter schleiften die Ketten zu dem Platz, an dem Fenrir schlief.

Der Wolf schlug die Augen auf.

»Schon wieder?«, fragte er.

»Wenn du aus diesen Fesseln entkommst«, sagten die Götter, »wird dein Ruhm und deine Stärke allen Welten bekannt werden. Man wird dich verehren. Wenn dich solche Ketten nicht halten können, ist deine Stärke größer als die aller Götter und Riesen.«

Fenrir nickte und betrachtete die Ketten namens Dromi, die größer und stärker waren als alle Fesseln, die er jemals gegeben hatte. »Kein Ruhm ohne Risiko«, sagte der Wolf nach einer Weile. »Ich glaube, ich kann auch diese Ketten brechen. Fesselt mich.«

Also fesselten sie ihn.

Der große Wolf streckte sich und bäumte sich auf, aber die Fesseln hielten. Die Götter blickten einander an, und in ihren Augen flammte bereits Triumph auf, doch nun begann der riesige Wolf sich zu winden und sich zu krümmen, mit seinen Läufen auszuschlagen und jeden Muskel und jede Sehne zu spannen. Seine Augen blitzten, und er fletschte die Zähne, und Schaum trat ihm vors Maul.

Er knurrte, während er sich wand. Er kämpfte mit aller Kraft.

Die Götter traten unwillkürlich einen Schritt zurück, und das war gut so, denn die Ketten rissen und zersprangen schließlich mit solcher Wucht, dass die einzelnen Stücke hoch in die Luft flogen. Noch viele Jahre später fanden die Götter Teile der zerborstenen Fesseln, eingegraben in die Stämme hoher Bäume oder in die Hänge der Berge.

»Ja!«, brüllte Fenrir und heulte seinen Sieg hinaus wie ein Wolf und wie ein Mann.

Den Göttern, die den Kampf mit angesehen hatten, schien sein Sieg wenig Freude zu machen. Nicht einmal Tyr. Fenrir, Lokis Kind, kam ins Grübeln darüber – und über anderes.

Und der Fenriswolf wurde mit jedem Tag, der kam und verging, größer und hungriger.

Auch Odin machte sich Gedanken, er überlegte und zerbrach sich den Kopf. Die ganze Weisheit aus Mimirs Brunnen stand ihm zur Verfügung und die Weisheit, die sein Selbstopfer am Weltenbaum ihm eingebracht hatte. Am Ende rief er den Lichtalben Skirnir, Freys Boten, zu sich und beschrieb ihm die Kette namens Gleipnir. Skirnir ritt auf seinem Pferd über die Regenbogenbrücke nach

Svartalfheim, um die Zwerge anzuweisen, eine Kette zu schmieden, wie es sie nie zuvor gegeben hatte.

Die Zwerge hörten sich den Auftrag an, und sie schauderten, aber sie nannten ihren Preis. Skirnir willigte ein, wie es ihm von Odin aufgetragen worden war, obgleich der Preis hoch war. Die Zwerge suchten zusammen, was sie brauchten, um Gleipnir anzufertigen.

Dies waren die sechs Dinge, die die Zwerge zusammensuchten:

Erstens, die Schritte einer Katze.

Zweitens, den Bart einer Frau.

Drittens, die Wurzeln eines Berges.

Viertens, die Kraft eines Bären.

Fünftens, den Atem eines Fisches.

Und sechstens schließlich den Speichel eines Vogels.

All diese Dinge wurden benötigt, um Gleipnir zu fertigen. (Ihr sagt, solche Dinge habt ihr noch nie gesehen? Natürlich nicht. Die Zwerge haben sie in ihren Werkstätten aufgebraucht.)

Nachdem die Zwerge ihr Werk vollendet hatten, überreichten sie Skirnir eine hölzerne Kiste. Darin befand sich etwas, das aussah wie ein langes Seidenband und sich geschmeidig und weich anfühlte. Es war beinahe durchsichtig und wog so gut wie nichts.

Skirnir ritt mit der Kiste zurück nach Asgard. Spät am Abend, nachdem die Sonne bereits untergegangen war, traf er dort ein. Er zeigte den Göttern, was er aus der Werkstatt der Zwerge mitgebracht hatte, und sie betrachteten es verblüfft.

Gemeinsam begaben sich die Götter ans Ufer des schwarzen Sees Amsvartnir und riefen Fenrir bei seinem Namen. Er kam angewetzt, wie ein Hund herbeigerannt kommt, wenn man ihn ruft, und die Götter staunten, wie groß und kräftig er geworden war.

»Was ist los?«, fragte der Wolf.

»Wir haben hier die stärksten Fesseln, die es gibt«, sagten sie zu ihm. »Nicht einmal du wirst sie zerreißen können.«

Der Wolf warf sich stolz in die Brust. »Ich kann alle Ketten sprengen!«

Odin öffnete seine Hand, und Gleipnir kam zum Vorschein. Es schimmerte im Licht des Mondes.

»Das?«, fragte der Wolf. »Das ist nichts.«

Die Götter zogen an dem Band, um ihm zu zeigen, wie fest es war. »Wir können es nicht zerreißen.«

Der Wolf betrachtete mit zusammengekniffenen Augen das Seidenband, das in ihren Händen schimmerte wie der Schwanz einer Schlange oder das Mondlicht auf den Wellen. Dann wandte er sich gleichgültig ab.

»Nein«, sagte er. »Bringt mir echte Ketten, echte Fesseln, schwere und große, damit ich euch meine Kraft zeigen kann.«

»Dies ist Gleipnir«, sagte Odin. »Es ist stärker als alle Ketten und Fesseln. Hast du Angst davor, Fenrir?«

»Angst? Keineswegs. Aber was bringt es mir, wenn ich ein so dünnes Band zerreiße? Glaubt ihr, das wird mir Ruhm und Ehre einbringen? Dass sich die Leute versammeln und sagen werden: Wisst ihr, wie stark und mächtig der Fenriswolf ist? So stark, dass er ein Seidenband zerriss! Es wird mir keinen Ruhm einbringen, Gleipnir zu zerstören.«

»Du hast Angst«, sagte Odin.

Die große Bestie schnupperte in der Luft. »Ich rieche Heimtücke und Verrat.« Seine bernsteinfarbenen Augen blitzten im Mondlicht. »Und obwohl ich glaube, dass euer Gleipnir bloß ein Band ist, werde ich mich nicht damit fesseln lassen.«

»Du? Der du die stärksten, größten Ketten gesprengt hast, die es je gegeben hat? Du hast Angst vor diesem Band?«, fragte Thor.

Der Wolf knurrte. »Ich habe vor gar nichts Angst. Ich glaube vielmehr, dass ihr kleinen Geschöpfe vor mir Angst habt.«

Odin kratzte sein bärtiges Kinn. »Du bist nicht dumm, Fenrir. Hier gibt es zwar keinen Verrat, aber ich verstehe deine Zurückhaltung. Nur ein tapferer Krieger würde sich mit Ketten fesseln lassen, die er nicht brechen kann. Ich versichere dir, als Vater der Götter, wenn du ein derartiges Band nicht zerreißen kannst – wahrhaftig ein Seidenband, wie du sagst –, werden wir Götter keinen Grund haben, dich zu fürchten. Dann werden wir dir die Freiheit geben und dich ziehen lassen.«

Ein lang gezogenes Knurren kam von dem Wolf. »Du lügst, Allvater. Du lügst, wie andere atmen. Wenn es dir gelingen würde, mich in Fesseln zu legen, aus denen ich nicht entkommen kann, dann würdest du mich nicht freilassen. Du würdest mich hier festhalten. Du willst mich hintergehen. Ich lasse nicht zu, dass dieses Band um mich gelegt wird.«

»Gute und tapfere Worte«, sagte Odin. »Worte, hinter denen du deine Angst verbirgst, als Feigling entlarvt zu werden, Fenriswolf. Du fürchtest, mit diesem Seidenband gefesselt zu werden. Weitere Erklärungen sind nicht nötig.«

Die Zunge des Wolfes schnellte aus seinem Maul und er lachte und zeigte seine scharfen Zähne, jeder einzelne so lang wie der Arm eines Mannes. »Statt meinen Mut infrage zu stellen, solltet ihr mir beweisen, dass hier kein Trug im Spiel ist. Ich fordere euch also heraus: Ihr könnt mich fesseln, wenn einer von euch seine Hand in mein Maul legt. Ich werde ganz sanft meine Zähne darauf senken, aber nicht zubeißen. Wenn ihr mich nicht betrügt, werde ich mein Maul öffnen, sobald ich dem Band entkommen bin oder ihr mich befreit habt, und die Hand bleibt unverletzt. Da habt ihr's. Ich schwöre, ihr könnt mich mit eurem Band fesseln, habe ich erst eine Hand in meinem Maul. Also: Wessen Hand soll es sein?«

Die Götter blickten einander an. Balder sah Thor an, Heimdall sah Odin an, Hönir sah Frey an, aber keiner von ihnen rührte sich. Dann seufzte Tyr, trat vor und hob seine rechte Hand.

»Ich werde meine Hand in dein Maul legen, Fenrir«, sagte Tyr.

Fenrir legte sich auf die Seite, und Tyr schob seine rechte Hand in Fenrirs Maul, genauso wie er es getan hatte, als Fenrir noch ein Welpe gewesen war und sie miteinander gespielt hatten. Sanft schloss Fenrir seine Zähne um Tyrs Handgelenk, ohne die Haut anzuritzen, und dann schloss er die Augen.

Die Götter fesselten ihn mit Gleipnir. Ein schimmernder Schlangenschwanz umschlang den riesigen Wolf, fesselte seine Läufe und machte ihn bewegungsunfähig.

»Na bitte«, sagte Odin. »Nun, Fenriswolf, sprenge deine Ketten. Zeig uns allen, wie mächtig du bist.«

Der Wolf streckte sich und kämpfte; er spannte jeden Nerv und Muskel, um das Band zu zerreißen, das ihn fesselte. Aber mit jedem Ruck schien die Aufgabe schwerer zu werden und mit jeder Bewegung wurde das schimmernde Band fester.

Anfangs grinsten die Götter. Dann kicherten die Götter, und schließlich, als sie sicher waren, dass die Bestie sich nicht mehr bewegen konnte und ihnen keine Gefahr drohte, lachten die Götter laut.

Nur Tyr blieb stumm. Er lachte nicht. Er spürte Fenrirs scharfe Zähne am Handgelenk, seine warme, feuchte Zunge an Handfläche und Fingern.

Fenrir hörte auf zu kämpfen. Er lag bewegungslos da. Wenn die Götter ihn befreien wollten, so mussten sie es jetzt tun.

Doch die Götter lachten nur lauter. Thors dröhnendes Gelächter, lauter als Donnerschläge, verband sich mit Odins trockenem Lachen und mit Balders glockenhellem Kichern …

Fenrir schaute Tyr an. Tyr erwiderte tapfer seinen Blick. Dann schloss Tyr die Augen und nickte. »Tu es«, flüsterte er.

Fenrir biss zu.

Tyr gab keinen Laut von sich. Er legte seine linke Hand um den Stumpf seiner rechten und drückte fest zu, um den Blutfluss einzudämmen.

Fenrir sah zu, wie die Götter ein Ende von Gleipnir nahmen und es durch einen Stein schoben, der so groß war wie ein Berg, und darunter am Boden festmachten. Dann sah er zu, wie sie einen weiteren Felsen nahmen und mit diesem den Stein tief in den Grund schlugen, tiefer als der tiefste Ozean.

»Heimtückischer Odin!«, rief der Wolf. »Hättest du mich nicht angelogen, wäre ich den Göttern ein Freund gewesen. Aber deine Angst hat dich zum Verräter gemacht. Ich werde dich töten, Vater der Götter. Ich werde bis zum Ende aller Tage warten, und dann werde ich die Sonne fressen und den Mond. Aber am meisten Freude wird es mir bereiten, dich zu töten.«

Die Götter waren vorsichtig genug, nicht in die Nähe von Fenrirs Maul zu kommen, aber als sie den Felsen tiefer in den Grund trieben, bäumte Fenrir sich auf und schnappte nach ihnen. Der Gott, der ihm am nächsten war, schleuderte ihm, ohne zu zögern, sein Schwert ins Maul. Der Griff des Schwertes bohrte sich in den Unterkiefer des Ungetüms, und die Spitze verhakte sich im Oberkiefer, sodass er sein Maul von diesem Augenblick an nie wieder schließen konnte.

Der Wolf knurrte unverständlich, und Speichel floss aus seinem Maul, und daraus bildete sich ein Fluss. Wusste man nicht, dass es sich um einen Wolf handelte, hätte man ihn für einen kleinen Berg halten können, mit einer Höhle, aus der ein Fluss strömte.

Die Götter verließen diesen Ort, an dem der Fluss aus Speichel in den dunklen See Amsvartnir mündete, und sprachen dabei kein Wort. Doch als sie weit genug entfernt waren, lachten sie wieder und klopften einander auf die Rücken, und auf ihren Gesichtern stand das breite Lächeln derjenigen, die glauben, etwas besonders Kluges vollbracht zu haben.

Tyr aber lächelte nicht und er lachte auch nicht. Er verband sorgsam den Stumpf an seinem Handgelenk mit einem Tuch, ging an der Seite der Götter zurück nach Asgard und versank in seinen Gedanken.

Dies also waren Lokis Kinder.

FREYJAS UNGEWÖHNLICHE HOCHZEIT

Thor, Gott des Donners, Mächtigster aller Asen, Tapferster und Stärkster in jeder Schlacht, war noch nicht ganz wach und hatte doch das Gefühl, dass irgendetwas nicht stimmte. Er streckte die Hand aus nach seinem Hammer, den er immer in Reichweite behielt, wenn er sich schlafen legte.

Mit geschlossenen Augen tastete er herum, suchte nach dem angenehm vertrauten Schaft seines Hammers.

Kein Hammer.

Thor schlug die Augen auf. Setzte sich auf. Stand auf. Lief durch den Raum.

Nirgends war der Hammer zu finden. Sein Hammer war fort.

Thors Hammer wurde Mjöllnir genannt. Die Zwerge Brokk und Sindri hatten ihn gefertigt, und er gehörte zu den Schätzen der Götter. Wenn Thor mit diesem Hammer auf etwas einschlug, ging es zu Bruch. Und wenn er den Hammer von sich schleuderte, verfehlte er nie sein Ziel, machte stets kehrt und flog zurück in Thors Hand. Er konnte den Hammer schrumpfen lassen und unter seinem Hemd verstecken, und ebenso konnte er ihn wachsen lassen. Mjöllnir war ein vollkommenes Werkzeug, abgesehen von einem Makel: Der Griff war ein wenig zu kurz geraten, sodass Thor ihn stets nur mit einer Hand schwingen konnte.

Der Hammer schützte die Götter von Asgard vor allen Gefahren, die ihnen und ihrer Welt drohten. Reifriesen und Thursen, Trolle und Ungeheuer aller Art fürchteten Thors Hammer.

Thor liebte seinen Hammer. Aber nun war eben dieser Hammer nicht aufzufinden.

Immer wenn etwas schiefging, reagierte Thor auf dieselbe Weise. Als Erstes fragte er sich, ob Loki dahintersteckte. Dieser Gedanke kam ihm auch jetzt. Doch er glaubte, dass nicht einmal Loki es gewagt hätte, seinen Hammer zu stehlen. Also tat er, was er stets als Zweites tat, wenn etwas schiefging: Er machte sich auf, um sich Lokis Rat zu holen.

Loki war schlau. Loki würde ihm sagen, was zu tun war.

»Verrat es niemandem«, sagte Thor zu Loki, »aber der Hammer der Götter ist gestohlen worden.«

»Das ist keine gute Nachricht«, sagte Loki und verzog das Gesicht. »Lass mich sehen, was ich herausfinden kann.«

Loki suchte Freyjas Halle auf. Freyja war die schönste aller Göttinnen. Ihr goldenes Haar fiel weich auf ihre Schultern und schimmerte im Licht des Morgens. Freyjas zwei Katzen strichen ungeduldig durch den Raum, erpicht darauf, ihren Streitwagen zu ziehen. An Freyjas Hals glitzerte, so golden und leuchtend wie ihr Haar, das Brisingamen, jene Kette, die die Zwerge in den unterirdischen Schmieden für sie gefertigt hatten.

»Ich würde mir gern deinen gefiederten Umhang leihen«, sagte Loki. »Den Umhang, mit dem du fliegen kannst.«

»Auf keinen Fall«, sagte Freyja. »Dieser Umhang ist das wertvollste Stück in meinem Besitz. Er ist wertvoller als Gold. Ich werde dich nicht damit losziehen und Unheil anrichten lassen.«

»Thors Hammer ist gestohlen worden«, entgegnete Loki. »Ich muss ihn finden.«

»Ich hole dir den Umhang«, sagte Freyja.

Loki legte den gefiederten Umhang um und stieg in der Gestalt eines Falken zum Himmel auf. Er flog über Asgard hinweg, flog tief hinein ins Land der Riesen und hielt die Augen nach allem Ungewöhnlichen offen.

Unter sich erblickte Loki schließlich einen hohen Grabhügel und darauf den größten und hässlichsten Riesen, der ihm jemals zu Gesicht gekommen war. Er saß dort und flocht ein Halsband für seinen Hund. Als der Riese Loki in seiner Falkengestalt erblickte, fletschte er seine spitzen Zähne zu einem Grinsen und winkte.

»Wie stehen die Dinge bei den Asen, Loki? Was gibt es Neues bei den Alben? Und warum kommst du allein ins Reich der Riesen?«

Loki landete neben ihm. »Aus Asgard gibt es nur schlechte Neuigkeiten, und von den Alben gibt es auch nur schlechte Neuigkeiten.«

»Tatsächlich?« Der Riese kicherte vor sich hin, als wäre er äußert zufrieden mit sich selbst, und als hielte er sich für ausgesprochen klug. Loki erkannte dieses Kichern. Manchmal kicherte er selbst auf diese Weise.

»Thors Hammer ist verschwunden«, sagte Loki. »Du weißt nicht zufällig etwas darüber?«

Der Riese kratzte sich unter der Achsel und kicherte erneut. »Vielleicht«, sagte er. »Wie geht es Freyja? Ist sie wirklich so schön, wie man sagt?«

»Wenn man für so was zu haben ist«, sagte Loki.

»Oh, das bin ich«, sagte der Riese. »Das bin ich.«

Es entstand eine unangenehme Stille. Der Riese legte das fertige Hundehalsband auf einen Haufen von Hundehalsbändern und begann sogleich, ein weiteres zu flechten.

»Ich habe Thors Hammer«, sagte der Riese zu Loki. »Doch ich habe ihn so tief unter der Erde versteckt, dass niemand ihn finden kann, nicht einmal Odin. Ich bin der Einzige, der ihn wieder nach oben holen könnte. Und ich werde ihn Thor zurückgeben, wenn du mir bringst, was ich haben will.«

»Ich kann den Hammer auslösen«, sagte Loki. »Ich kann dir Gold und Bernstein bringen und unzählige Schätze …«

»Will ich alles nicht«, entgegnete der Riese. »Ich will Freyja zur Frau. Bring sie in acht Tagen hierher. Den Hammer werde ich den Göttern als Brautgeschenk in Freyjas Hochzeitsnacht zurückgeben.«

»Wer bist du?«, fragte Loki.

Der Riese grinste und zeigte seine schiefen Zähne. »Nun, Loki, Sohn der Laufey, ich bin Thrym, König der Thursen.«

»Ich habe keine Zweifel, dass wir zu einer Einigung gelangen werden, großer Thrym«, sagte Loki, legte sich Freyjas gefiederten Umhang um, breitete die Arme aus und schwang sich in die Lüfte.

Von dort oben erschien Loki die Welt sehr klein: Er blickte hinab auf die Bäume und die Berge, die winzig waren wie Kinderspielzeug, und auch die Probleme der Götter kamen ihm wie bloße Kleinigkeiten vor.

Thor wartete auf ihn im Hof der Götter, und noch bevor Loki recht gelandet war, spürte er Thors gewaltige Hände auf sich.

»Nun?«, sagte Thor. »Du weißt etwas. Das sehe ich dir an. Sag mir, was du herausgefunden hast, und zwar sofort. Ich traue dir nicht, Loki, und ich will wissen, was du weißt, bevor du dazu kommst, irgendwelche Pläne zu schmieden.«

Loki, dem das Pläneschmieden so leichtfiel wie anderen das Atmen, lächelte über Thors unschuldige Wut. »Dein Hammer ist von Thyrm, dem König der Thursen, gestohlen worden. Ich habe ihn überredet, ihn dir zurückzugeben, aber er verlangt einen Preis.«

»Den soll er haben«, sagte Thor. »Wie lautet sein Preis?«

»Freyjas Hand.«

»Er will bloß ihre Hand?«, fragte Thor hoffnungsvoll. Freyja hatte immerhin zwei Hände – womöglich ließ sie sich überreden, ohne großen Streit auf eine von beiden zu verzichten. Tyr hatte es schließlich auch getan.

»Er will sie ganz«, sagte Loki. »Heiraten will er sie.«

»Oh«, sagte Thor. »Das wird ihr nicht gefallen. Nun, die Nachricht kannst du ihr überbringen. Du bist besser darin, andere zu überreden, als ich, wenn ich meinen Hammer nicht habe.«

Unverzüglich begaben sie sich an Freyjas Hof.

»Hier hast du deinen gefiederten Umhang zurück«, sagte Loki.

»Danke«, sagte Freyja. »Hast du herausgefunden, wer Thors Hammer gestohlen hat?«

»Thrym, der König der Thursen.«

»Ich habe von ihm gehört. Ein übler Geselle. Was will er haben, damit er den Hammer zurückgibt?«

»Dich«, sagte Loki. »Er will dich heiraten.«

Freyja nickte.

Thor freute sich, dass sie die Vorstellung so rasch hinnahm. »Setz deine Brautkrone auf, Freyja, und pack deine Sachen. Du reist mit Loki ins Land der Riesen. Wir müssen dich mit Thrym verheiraten, bevor er es sich anders überlegt. Ich will meinen Hammer zurück.«

Freyja sagte kein Wort.

Thor bemerkte, dass der Boden bebte, und auch die Wände zitterten. Freyjas Katzen fauchten, flohen unter eine Truhe voller Felle und kamen nicht wieder hervor.

Freyjas Hände waren zu Fäusten geballt. Die Kette der Brisinge löste sich von ihrem Hals und fiel zu Boden. Es schien ihr nicht aufzufallen. Sie starrte nur Thor und Loki an, als wären sie das niedrigste, ekelhafteste Gewürm, das ihr jemals unter die Augen gekommen war.

Fast war Thor erleichtert, als Freyja endlich sprach.

»Wofür haltet ihr mich?«, fragte sie ganz leise. »Glaubt ihr, ich wäre so dumm? So verfügbar? Dass ich einen Riesen heiraten würde, um euch Ärger zu ersparen? Wenn ihr glaubt, dass ich ins Land der Thursen gehe, dass ich eine Brautkrone samt Schleier trage und mich der Berührung und der … der *Lust* dieses Riesen aussetze … dass ich ihn heiraten werde … nun …« Sie hielt inne. Noch einmal erbebten die Wände, und Thor fürchtete, das ganze Bauwerk würde über ihnen einstürzen.

»Hinaus mit euch«, sagte Freyja. »Für was für eine Frau haltet ihr mich?«

»Aber … mein Hammer«, sagte Thor.

»Halt den Mund, Thor«, sagte Loki.

Thor hielt den Mund. Sie gingen hinaus.

»Sie ist sehr hübsch, wenn sie wütend ist«, sagte Thor. »Man kann schon verstehen, warum dieser Riese sie zur Frau haben will.«

»Halt den Mund, Thor«, sagte Loki erneut.

Sie beriefen eine Versammlung ein. Alle Götter und alle Göttinnen kamen in der großen Halle zusammen, nur Freyja nicht, denn sie weigerte sich, das Haus zu verlassen.

Sie redeten den ganzen Tag, sie debattierten und stritten. Es stand außer Frage, dass sie auf Mjöllnir nicht verzichten konnten, aber wie sollten sie den Hammer zurückerlangen? Jeder Gott und jede Göttin machte einen Vorschlag, und jeder Vorschlag wurde von Loki abgeschmettert.

Am Ende hatte nur ein Gott noch nicht gesprochen: Heimdall der Weitblickende, der über die Welt wacht. Nichts geschieht, das Heimdall nicht sieht, und manchmal sieht er auch Dinge, die erst noch eintreten werden.

»Nun?«, fragte Loki. »Was ist mit dir, Heimdall? Hast du einen Vorschlag?«

»In der Tat«, antwortete Heimdall. »Aber er wird euch nicht gefallen.«

Thor knallte seine Faust auf den Tisch. »Es spielt keine Rolle, ob er uns gefällt oder nicht! Wir sind Götter! Es gibt nichts, was wir alle hier nicht tun würden, um Mjöllnir, den Hammer der Götter, zurückzubekommen. Nenn uns deinen Vorschlag, und wenn er gut ist, wird er uns gefallen.«

»Es wird euch nicht gefallen«, sagte Heimdall.

»Es wird uns gefallen!«, sagte Thor.

»Nun«, sagte Heimdall. »Ich schlage vor, wir verkleiden Thor als Braut. Wir lassen ihn die Kette der Brisinge tragen. Setzen ihm eine Brautkrone auf. Stopfen sein Kleid aus, sodass er aussieht wie eine Frau. Legen ihm einen Schleier übers Gesicht. Binden ihm klirrende Schlüssel um, so wie Frauen es tun, schmücken ihn mit Edelsteinen …«

»Das gefällt mir nicht!«, sagte Thor. »Die Leute werden denken … nun, erst einmal werden sie denken, dass ich Frauenkleider trage. Kommt gar nicht infrage. Das gefällt mir überhaupt nicht. Ich werde auf keinen Fall einen Brautschleier aufsetzen. Keinem von uns gefällt diese Idee, oder? Ganz, ganz schlechte Idee. Außerdem habe ich einen Bart. Ich kann mir nicht den Bart abrasieren.«

»Halt den Mund, Thor«, sagte Loki, Sohn der Laufey. »Es ist eine hervorragende Idee. Wenn du nicht willst, dass die Riesen in Asgard einfallen, wirst du den Brautschleier tragen, der dein Gesicht verbirgt – und deinen Bart.«

Odin der Allerhöchste sagte: »Es ist in der Tat eine hervorragende Idee. Sehr gut, Heimdall. Wir müssen den Hammer zurückbekommen, und dies ist die beste Möglichkeit. Göttinnen, bereitet Thor auf seine Hochzeitsnacht vor.«

Die Göttinnen brachten ihm Kleider. Frigg und Fulla, Sif, Idun und alle anderen, sogar Skadi, Freyjas Stiefmutter, kamen und halfen dabei, ihn auszustaffieren. Sie kleideten ihn in den feinsten

Gewändern, wie sie nur hochgeborene Göttinnen bei ihrer Hochzeit tragen. Frigg ging zu Freyja und kehrte mit der Kette der Brisinge zurück. Diese legte sie Thor um den Hals.

Sif, Thors Frau, hängte ihre Schlüssel an Thors Gewand.

Idun brachte all ihre Edelsteine und schmückte ihn damit, sodass Thor im Kerzenlicht von Kopf bis Fuß glitzerte und funkelte, und sie brachte hundert Ringe aus rotem und weißem Gold, die sie ihm an die Finger steckte.

Sie bedeckten sein Gesicht mit einem Schleier, sodass nur noch seine Augen zu sehen waren, und Var, die Göttin der Ehe, setzte einen leuchtenden Schmuck auf Thors Kopf: eine Brautkrone, hoch und weit und wunderschön.

»Ich bin mir unsicher wegen der Augen«, sagte Var. »Sie sehen nicht sehr weiblich aus.«

»Das will ich ja wohl hoffen«, murrte Thor.

Var schaute Thor an. »Wenn ich den Kopfschmuck tiefer ziehe, fallen sie kaum noch auf, allerdings sollte er immer noch sehen können.«

»Tut euer Bestes«, sagte Loki. Und fügte hinzu: »Ich werde deine Dienerin sein und mit dir ins Land der Riesen ziehen.« Loki wechselte seine Gestalt, und im nächsten Augenblick war er, in Stimme wie Erscheinung, eine wunderschöne junge Magd. »Na bitte. Wie sehe ich aus?«

Thor murmelte leise vor sich hin, und vermutlich war es ganz gut, dass niemand es hören konnte.

Loki und Thor kletterten in Thors Streitwagen, und die Ziegenböcke Grinser und Knirscher, die ihn zogen, sprangen hinauf in den Himmel, begierig darauf, davonzukommen. Berge brachen entzwei, als sie an ihnen vorbeikamen, und unter ihnen schossen Flammen aus der Erde.

»Ich habe kein gutes Gefühl bei dieser Sache«, sagte Thor.

»Sprich nicht«, sagte Loki in seiner Mädchengestalt. »Das Reden überlässt du mir. Kannst du dir das merken? Wenn du sprichst, machst du womöglich alles zunichte.«

Thor grunzte.

Sie landeten auf dem Hof des Riesen, auf dem pechschwarze Ochsen teilnahmslos herumstanden. Jedes Tier war größer als ein Haus. Die Spitzen ihrer Hörner waren in Gold gefasst, und der ganze Hof war erfüllt vom scharfen Gestank ihres Dungs.

Aus dem Inneren der hohen Halle dröhnte eine Stimme. »Bewegt euch, ihr Trampel! Streut sauberes Stroh auf die Bänke! Was glaubt ihr, was ihr da macht? Hebt den Kot auf oder bedeckt ihn mit Stroh, aber lasst ihn nicht einfach liegen und vor sich hin rotten. Es ist schließlich Freyja, das schönste Geschöpf, das es gibt, Njörds Tochter, die zu uns kommt. So etwas wird sie nicht sehen wollen.«

Ein Pfad aus frischem Stroh führte quer über den Hof, und nachdem sie vom Streitwagen herabgestiegen waren, folgten der verkleidete Thor und die Dienstmagd, die eigentlich Loki war, diesem Pfad. Sie hoben ihre Röcke, damit sie nicht durch die Jauche schleiften.

Eine Riesin wartete bereits auf sie. Sie stellte sich als Thryms Schwester vor, streckte ihre Hand aus und kniff Loki in seine hübsche Wange. Thor stupste sie mit einem spitzen Fingernagel an. »Dies soll also die schönste Frau der Welt sein? Sieht mir nicht danach aus. Als sie eben ihre Röcke gehoben hat, kam es mir vor, als habe sie Fesseln dick wie Baumstämme.«

»Es ist das schwache Licht, das Euch täuscht. Sie ist die schönste aller Göttinnen«, versicherte die Magd, die Loki war. »Wenn sie ihren Schleier hebt, das verspreche ich, wird Euch ihre Schönheit niederknien lassen. Nun, wo ist der Bräutigam? Wo ist das Hochzeitsgelage? Sie freut sich schon so sehr darauf, dass ich sie kaum im Zaum halten konnte.«

Die Sonne ging bereits unter, als sie zum Hochzeitsfest in die große Halle geführt wurden.

»Und wenn er will, dass ich mich neben ihn setze?«, flüsterte Thor Loki zu.

»Du musst neben ihm sitzen. Das ist der angemessene Platz für eine Braut.«

»Aber womöglich legt er mir eine Hand aufs Bein«, flüsterte Thor angespannt.

»Ich werde zwischen euch sitzen«, sagte Loki. »Ich sage ihm, dass das so Sitte ist bei uns.«

Thrym saß am Kopf der Tafel, und Loki nahm neben ihm Platz, während Thor sich daneben auf der Bank niederließ.

Thrym klatschte in die Hände, und riesige Dienstboten traten ein. Sie brachten fünf gebratene Ochsen, was genügte, um die Riesen zu sättigen. Sie servierten zwanzig gebackene Lachse, und jeder Fisch hatte die Größe eines zehnjährigen Jungen; schließlich kamen noch Dutzende Tabletts mit kleinen Gebäckstücken und Süßigkeiten hinzu, die eigens für die Frauen bestimmt waren.

Ihnen folgten fünf weitere Dienstboten, von denen jeder ein ganzes Fass Met trug, und jedes war so groß und schwer, dass sogar die Riesen sie kaum heben konnten.

»Dieses Festmahl gilt der wunderschönen Freyja«, sagte Thrym, und womöglich hätte er noch einige Sätze hinzugefügt, aber Thor hatte bereits begonnen, zu essen und zu trinken, und es wäre unhöflich gewesen, weiterzureden, während seine zukünftige Braut aß.

Vor Loki und Thor wurde eine Platte mit Gebäck abgestellt, eigens zubereitet für die Damen. Bedacht wählte Loki das kleinste Stück. Thor wählte ebenso bedacht den Rest der Gebäckstücke und ließ sie laut kauend unter dem Schleier verschwinden. Die anderen Frauen, die das Gebäck hungrig betrachtet hatten, warfen der schönen Freyja angewiderte Blicke zu.

Dabei hatte die schöne Freyja noch gar nicht richtig mit dem Essen begonnen.

Thor verspeiste ganz allein einen ganzen Ochsen. Er aß sieben Lachse und ließ nichts als Gräten übrig. Jedes Mal, wenn ihm ein Tablett mit Gebäck gereicht wurde, verschlang er alle Köstlichkeiten darauf, sodass die anderen Frauen hungrig blieben. Dann und wann versetzte Loki ihm unter dem Tisch einen Tritt, doch Thor ging darüber hinweg und aß einfach weiter.

Thrym tippte Loki auf die Schulter. »Entschuldige, aber die reizende Freyja hat gerade ihr drittes Fass Met ausgetrunken.«

»Das bezweifle ich nicht«, sagte die Dienstmagd, die eigentlich Loki war.

»Erstaunlich. Ich habe noch nie eine derart heißhungrige Frau erlebt. Nie habe ich eine Frau gesehen, die so viel gegessen oder getrunken hätte.«

»Dafür gibt es eine einfache Erklärung.« Loki atmete tief ein und sah, wie Thor einen weiteren Lachs verschlang, und einen Augenblick später das Grätenskelett unter seinem Schleier hervorzog. Es war, als würde man dem Kunststück eines Zauberers zusehen. Er überlegte, was diese einfache Erklärung sein könnte.

»Damit hat sie jetzt acht Lachse gegessen«, sagte Thrym.

»Acht Tage und acht Nächte!«, entgegnete Loki plötzlich. »Sie hat seit acht Tagen und acht Nächten nichts mehr gegessen, so sehr hat sie sich darauf gefreut, ins Land der Riesen zu kommen und ihren Gatten zu lieben. Nun, da sie in deiner Gegenwart ist, nimmt sie endlich wieder etwas zu sich.« Die Dienstmagd wandte sich Thor zu. »Es ist so schön, zu sehen, dass Ihr wieder etwas esst, meine Liebe.«

Thor funkelte Loki unter dem Schleier an.

»Ich sollte ihr einen Kuss geben«, sagte Thrym.

»Dazu würde ich nicht raten. Noch nicht«, sagte Loki, aber Thrym beugte sich bereits vor und spitzte die Lippen. Mit einer seiner großen Hände griff er nach Thors Schleier. Die Dienstmagd, die eigentlich Loki war, streckte ihren Arm aus, um ihn abzuhalten, aber es war zu spät. Thrym hatte bereits aufgehört, die Lippen zu spitzen, und war verstört aufgesprungen.

Thrym tippte der Dienstmagd, die Loki war, auf die Schulter. »Kann ich mit dir sprechen?«

»Gewiss.«

Sie entfernten sich von der Tafel und gingen durch die Halle.

»Warum sind Freyjas Augen so … so furchteinflößend?«, fragte Thrym. »Mir kam es beinahe vor, als würde ein Feuer in ihnen brennen. Das waren nicht die Augen einer wunderschönen Frau!«

»Durchaus nicht«, sagte die Dienstmagd, die Loki war, beschwichtigend. »Wie sollte es auch anders sein? Sie hat seit acht Tagen und acht Nächten nicht mehr geschlafen, mächtiger Thrym. Sie war so erfüllt von ihrer Liebe zu dir, dass sie es nicht wagte, zu schlafen, so begierig war sie auf die

Hochzeitsnacht. Innerlich verbrennt sie vor Begehren nach dir! Das hast du in ihren Augen gesehen. Brennende Leidenschaft.«

»Oh. Ich verstehe.« Thymr lächelte und leckte sich die Lippen mit einer Zunge, die größer war als ein Kopfkissen. »Nun denn.«

Sie gingen zur Tafel zurück. Thryms Schwester hatte sich derweil neben Thor auf Lokis Platz niedergelassen und trommelte mit ihren Fingernägeln auf Thors Hand. »Wenn du weißt, was gut für dich ist, gibst du mir deine Ringe«, sagte sie. »All deine hübschen goldenen Ringe. Du wirst eine Fremde sein in diesem Schloss. Du wirst jemanden brauchen, der auf dich achtgibt, sonst wird es dir schlimm ergehen, so weit fort von zu Hause. Du hast so viele Ringe. Gib mir ein paar davon als Brautgeschenk. Sie sind so hübsch, so rot und golden …«

»Ist es nicht langsam Zeit für die Vermählung?«, fragte Loki.

»Jawohl!«, brüllte Thrym aus vollem Halse. »Bringt den Hammer, um die Braut zu segnen! Ich möchte Mjöllnir im Schoße der wunderschönen Freyja liegen sehen. Lasst Var, die Göttin der Eide zwischen Mann und Frau, unsere Liebe weihen und segnen.«

Vier Riesen waren nötig, um Thors Hammer aus der Tiefe in die Halle zu tragen. Matt glänzte er im Feuerschein, und mit einigen Mühen legten sie ihn in Thors Schoß ab.

»Also«, sagte Thrym. »Nun lass mich deine wunderschöne Stimme hören, mein Liebes, meine Taube, mein Schatz. Sag mir, dass du mich liebst. Sag mir, dass du meine Braut sein willst. Sag mir, dass du dich mir vermählst wie sich die Frauen den Männern und die Männer den Frauen vermählen seit Anbeginn der Zeit. Was sagst du?«

Thor umfasste den Griff des Hammers mit einer Hand voller goldener Ringe. Er drückte ihn beruhigend. Vertraut und angenehm lag der Hammer in seiner Hand. Dann begann er zu lachen. Es war ein tiefes, dröhnendes Gelächter.

»Ich sage dir nur das Eine«, entgegnete Thor mit einer Stimme wie Donner. »Du hättest nicht meinen Hammer rauben sollen!«

Er schlug Thrym mit seinem Hammer, nur einmal, aber mehr war auch nicht nötig. Der Riese stürzte auf den strohbedeckten Boden und stand nicht wieder auf.

Alle Riesen fielen unter Thors Hammer, alle Gäste der Hochzeit, die niemals gefeiert werden sollte. Selbst Thryms Schwester empfing ein Brautgeschenk, das sie nicht erwartet hatte.

Als es still geworden war in der Halle, rief Thor: »Loki?«

Loki kam unter der Tafel hervorgekrochen, in seiner wahren Gestalt, und betrachtete das Schlachtfeld. »Nun, wie's aussieht, hast du dich der Sache erfolgreich angenommen.«

Erleichtert zog Thor seine Frauengewänder aus, bis er, mit nichts als einem Hemd am Leibe, in einer Halle voller toter Riesen stand.

»Na also, das war gar nicht so schlimm, wie ich befürchtet hatte«, sagte er gut gelaunt. »Ich habe meinen Hammer wieder. Und ich habe gut gegessen. Nun lass uns nach Hause gehen.«

DER MET DER DICHTER

Fragt ihr euch manchmal, woher die Dichtkunst kommt? Woher wir die Lieder nehmen, die wir singen, und die Geschichten, die wir erzählen? Fragt ihr euch je, wie es kommt, dass manche von uns großartige, weise, wundervolle Träume träumen und diese Träume als Poesie an die Welt weitergeben, damit sie gesungen und nacherzählt werden, solange die Sonne auf- und untergeht und solange der Mond abnimmt und sich rundet? Habt ihr euch jemals gefragt, warum manche von uns wunderschöne Lieder und Gedichte und Geschichten hervorbringen und andere nicht?

Es ist eine lange Geschichte, und sie macht niemandem Ehre. Mord kommt in ihr vor, Lug und Trug und Dummheit, Verführung und Verfolgung.

Also hört. Es begann nicht lange nach Anbruch der Zeit, in einem Krieg der Götter: Die Asen kämpften gegen die Vanen. Die Asen waren kriegerische Götter der Schlacht und der Eroberung. Die Vanen waren sanfter; Geschwistergötter und -göttinnen, die den Boden fruchtbar machten und die Pflanzen wachsen ließen. Weniger mächtig waren sie deswegen aber nicht.

Die Götter der Vanen und der Asen waren einander ebenbürtig, und so gelang es keiner Seite, den Krieg für sich zu entscheiden. Darüber hinaus wurde ihnen während der Schlacht klar, dass sie einander brauchten. Ohne reiche Felder und Bauernhöfe, die einem liefern, was man für das anschließende Gelage braucht, macht der tapferste Kampf keine Freude.

Die Götter kamen zusammen, um über den Frieden zu verhandeln, und als die Verhandlungen abgeschlossen waren, besiegelten sie ihre Waffenruhe, indem sie, die Asen ebenso wie die Vanen, in einen Bottich spuckten. Ihr Speichel vermischte sich, und damit war das Abkommen bindend.

Dann richteten sie ein Festgelage aus. Es wurde gegessen und Met getrunken, und sie zechten und scherzten, sie redeten, warfen sich in die Brust und lachten, während das Feuer langsam zu glühender Kohle niederbrannte und die Sonne allmählich am Horizont hervorzulugen begann. Und als sich die Asen und die Vanen erhoben, um sich in ihre Gewänder und Felle zu hüllen und in den neuen Schnee und den morgendlichen Nebel hinauszutreten, sagte Odin: »Es wäre doch zu schade, den Bottich zurückzulassen, in den wir gemeinsam gespuckt haben.«

Frey und Freyja, Bruder und Schwester, waren Anführer der Vanen, die dem Friedensabkommen zufolge von nun an bei den Asen in Asgard bleiben würden. Sie nickten.

»Wir könnten daraus etwas machen«, sagte Frey.

»Wir sollten einen Mann erschaffen«, sagte Freyja und griff in den Bottich.

Mit der Bewegung ihrer Finger verwandelte sich der Speichel und formte sich, und Augenblicke später hatte er die Gestalt eines Mannes angenommen, der nackt vor ihnen stand.

»Du bist Kvasir«, sagte Odin. »Weißt du, wer ich bin?«

»Du bist Odin, der Höchste von allen«, sagte Kvasir. »Du bist Grimnir und der Dritte. Du hast andere Namen, zu viele, um sie zu nennen, aber ich kenne sie alle, und ich kenne die Gedichte und Gesänge und die Kenningar, die dazugehören.«

Kvasir, geschaffen aus der Verbindung der Asen mit den Vanen, war der weiseste der Götter: In ihm vereinten sich Herz und Verstand. Die Götter drängten sich um ihn, da jeder ihm eine Frage stellen wollte, und seine Antworten waren immer weise. Er beobachtete genau und was er sah, deutete er richtig.

Bald schon wandte sich Kvasir an die Götter und sagte: »Ich werde nun auf Reisen gehen. Ich werde mir die neun Welten ansehen und Midgard. Es gibt Fragen zu beantworten, die mir noch nicht gestellt wurden.«

»Aber du kommst doch zu uns zurück?«, fragten sie.

»Ich komme zurück«, sagte Kvasir. »Schließlich gibt es das Rätsel des Netzes, das eines Tages entwirrt werden muss.«

»Das was?«, fragte Thor. Aber Kvasir lächelte bloß und ließ die Götter grübelnd zurück. Er legte sich einen Reiseumhang um, verließ Asgard und marschierte über die Regenbogenbrücke.

Kvasir zog von Stadt zu Stadt, von Dorf zu Dorf. Er traf Leute aller Art, er behandelte sie gut und beantwortete ihre Fragen, und es gab keinen Ort, an dem er nicht Halt gemacht hätte.

In jenen Tagen gab es zwei Dunkelalben, Zwerge, die in einer Feste am Meer hausten. Dort beschäftigten sie sich mit Magie und allerlei alchemistischen Kunststücken. Wie alle Zwerge stellten sie in ihrer Werkstatt und ihrer Schmiede Dinge her, wundervolle, erstaunliche Dinge. Aber es gab Dinge, die sie noch nicht hergestellt hatten, und sie waren wie besessen von dem Wunsch, sie anzufertigen. Die beiden waren Brüder, und sie hießen Fjalar und Galar.

Als sie hörten, dass Kvasir eine nahe gelegene Stadt besuchte, machten sie sich auf, ihn zu treffen. Sie fanden Kvasir in der Festhalle, wo er die Fragen der Bewohner beantwortete und alle verblüffte. Er erklärte den Leuten, wie man Wasser reinigte und aus Nesseln Kleidung machte. Einer Frau verriet er, wer ihr Messer gestohlen hatte und warum. Nachdem er zum Ende gekommen war und die Bewohner der Stadt ihm zu essen gegeben hatten, näherten sich ihm die Zwerge.

»Wir wollen dir eine Frage stellen, die dir noch nie gestellt wurde«, sagten sie. »Aber sie ist nichts für fremde Ohren. Kommst du mit uns?«

»Ich komme mit euch«, sagte Kvasir.

Sie machten sich auf den Weg zur Festung. Die Möwen kreischten, und die drückenden grauen Wolken waren von gleicher Farbe wie die grauen Wellen. Die Zwerge führten Kvasir in ihre Werkstatt.

»Was ist das?«, fragte Kvasir.

»Das sind Bottiche. Sie heißen Son und Bodn.«

»Ich verstehe. Und was ist das da drüben?«

»Wie kannst du so weise sein und so etwas nicht wissen? Es ist ein Kessel. Wir nennen ihn Odrörir – der Anregende.«

»Und ich sehe, dort drüben habt ihr Eimer mit gesammeltem Honig, entdeckelt und flüssig.«

»So ist es«, sagte Fjalar.

Galar sah zornig aus. »Wärst du so weise, wie alle behaupten, wüsstest du, welche Frage wir dir stellen wollen, bevor wir sie aussprechen. Und du wüsstest auch, wofür diese Dinge gedacht sind.«

Kvasir nickte niedergeschlagen. »Wenn ihr nicht nur klug, sondern auch böse wäret, könnte es sein, dass ihr euch entschlossen hättet, euren Gast zu töten und sein Blut in die Bottiche Son und Bodn fließen zu lassen. Dann würdet ihr sein Blut langsam in eurem Kessel Odrörir zum Kochen bringen, danach Honig hinzufügen und die Mixtur so lange fermentieren lassen, bis Met daraus würde – und zwar der beste Met; ein Trunk, der jeden berauscht, der ihn trinkt, der aber auch jedem, der ihn kostet, die Gabe der Dichtkunst und die Gabe der Gelehrsamkeit verleiht.«

»Wir sind klug«, gab Galar zu. »Und womöglich hält uns der ein oder andere tatsächlich für böse.«

Mit diesen Worten schlitzte er Kvasirs Kehle auf. Dann hängten sie Kvasir an den Füßen über die Bottiche, bis der letzte Tropfen seines Blutes aufgefangen war. Sie erhitzten das Blut und den Honig in ihrem Kessel namens Odrörir und fügten weitere Zutaten hinzu; das Rezept hatten sie selbst entwickelt. Die beiden Brüder nippten an ihrem Met und lachten und fanden in sich die Poesie und die Verse, die sie zuvor nie hätten ausdrücken können.

Am nächsten Morgen erschienen die Götter bei ihnen.

»Kvasir suchen wir«, sagten sie. »Bei euch hat man ihn zum letzten Mal gesehen.«

»Ja«, sagten die Zwerge. »Er hat uns hierherbegleitet, aber als ihm klar wurde, dass wir nur Zwerge sind und dumm und einfältig, erstickte er an seiner eigenen Gelehrsamkeit.«

»Er starb, sagt ihr?«

»Ja«, erwiderten Fjalar und Galar und gaben den Göttern Kvasirs blutleeren Körper, damit sie ihn mit nach Asgard nahmen für eine göttliche Bestattung und vielleicht für eine Wiederauferstehung (denn Götter sind nicht wie andere und ihr Tod muss keineswegs dauerhaft sein).

So kam es also, dass die beiden Zwerge den Met der Weisheit und der Dichtkunst besaßen, und jeder, der davon kosten wollte, musste sie darum bitten. Doch Galar und Fjalar gaben den Met nur denen, die sie mochten, und sie mochten niemanden außer sich selbst.

Manchen jedoch waren sie verpflichtet. Dem Riesen Gilling zum Beispiel und seiner Frau: Die Zwerge luden sie ein, ihre Festung zu besuchen, und eines Wintertags kamen sie.

»Lasst uns mit unserem Ruderboot hinausfahren«, schlugen die Zwerge vor.

Das Gewicht des Riesen ließ das Boot tief ins Wasser sinken, und die Zwerge steuerten es auf die Felsen zu, die unter der Wasseroberfläche lagen. Bisher waren sie immer darüber hinweggerudert, aber nicht dieses Mal. Das Boot krachte gegen die Felsen und kenterte, sodass der Riese ins Wasser stürzte.

»Schwimm zurück zum Boot«, riefen die Brüder Gilling zu.

»Ich kann nicht schwimmen«, sagte er, und es war das Letzte, was er sagte, denn schon füllte eine Welle seinen offenen Mund mit Salzwasser, und sein Kopf schlug gegen einen Felsen, und einen Augenblick später war er nicht mehr zu sehen.

Fjalar und Galar richteten ihr Boot auf und ruderten zurück nach Hause.

Gillings Frau wartete dort auf sie.

»Wo ist mein Gatte?«, fragte sie.

»Der?«, fragte Galar. »Oh, der ist tot.«

»Ertrunken«, fügte Fjalar hilfreich hinzu.

Die Frau des Riesen begann zu jammern und zu wehklagen, als würde ihr jeder Schmerzenslaut aus der Seele gerissen. Sie rief nach ihrem toten Gatten und schwor, sie würde ihn ewig lieben.

»Still!«, sagte Galar. »Dein Heulen und Klagen tut in meinen Ohren weh. Es ist sehr laut. Ich nehme an, das liegt daran, dass du eine Riesin bist.«

Aber die Frau des Riesen heulte nur umso lauter.

»Hör schon auf«, sagte Fjalar. »Würde es dir helfen, wenn wir dir die Stelle zeigen, wo dein Gatte umgekommen ist?«

Sie schniefte und nickte und weinte und wehklagte und trauerte um ihren Mann, der nie zu ihr zurückkehren würde.

»Stell dich dort drüben hin, dann zeigen wir dir den Ort.« Fjalar sagte ihr, dass sie durch die große Tür gehen und sich direkt unter die Festungsmauer stellen solle. Dann nickte er seinem Bruder zu, der bereits die Treppe hinaufeilte, um auf die Mauer zu gelangen.

Als Gillings Frau durch die Tür ging, ließ Galar einen großen Stein auf ihren Kopf fallen, der ihr den halben Schädel einschlug und sie niederstreckte.

»Gut gemacht«, sagte Fjalar. »Dieser schreckliche Krach war wirklich nicht auszuhalten.«

Sie stießen den Körper der Frau von den Klippen hinunter ins Meer. Die grauen Wellen griffen nach ihm und zogen ihn fort, und so wurden Gillings Frau und Gilling im Tode wiedervereint.

In ihrer Festung am Meer zuckten die Zwerge mit den Schultern und hielten sich für ausgesprochen klug. Jeden Abend tranken sie vom Dichtermet und trugen einander klangvolle Verse vor, schufen gewaltige Sagas über den Tod von Gilling und Gillings Frau, die sie vom Dach ihrer Festung aus rezitierten. Beinahe jede Nacht fielen sie in einen bewusstlosen Schlaf und kamen dort wieder zu sich, wo sie sich hingesetzt hatten oder zu Boden gefallen waren.

Eines Tages erwachten sie zwar wie üblich, jedoch nicht in ihrer Festung.

Sie erwachten auf dem Boden ihres Bootes, und ein Riese, den sie nicht kannten, ruderte es in die Wellen hinein. Der Himmel war dunkel vor Sturmwolken und die See war schwarz. Die rauen Wellen peitschten hoch, und das Salzwasser spritzte über die Reling des Zwergenbootes und durchnässte sie bis auf die Haut.

»Wer bist du?«, fragten die Zwerge.

»Ich bin Suttung«, sagte der Riese. »Ich habe gehört, wie ihr euch gegenüber dem Wind und den Wellen und der Welt damit gebrüstet habt, meinen Vater und meine Mutter umgebracht zu haben.«

»Ah«, sagte Galar. »Ist das der Grund, weshalb du uns gefesselt hast?«

»In der Tat«, erwiderte Suttung.

»Vielleicht bringst du uns ja an einen angenehmeren Ort«, sagte Fjalar hoffnungsvoll, »wo du uns losbindest und wir miteinander speisen und trinken und lachen und die besten Freunde werden.«

»Das glaube ich kaum«, sagte Suttung.

Es herrschte Ebbe, und überall ragten scharfe Felsen aus dem Wasser. Dieselben Felsen, die bei Flut das Boot der Zwerge zum Kentern gebracht hatten, sodass Gilling ertrunken war. Suttung nahm erst den einen Zwerg und dann den anderen und setzte sie auf die Felsen.

»Wenn die Flut kommt, werden diese Felsen unter Wasser sein«, sagte Fjalar. »Du hast uns die Hände auf den Rücken gebunden. So können wir nicht schwimmen. Lässt du uns hier zurück, werden wir ertrinken.«

»Das ist genau meine Absicht«, sagte Suttung. Dann lächelte er zum ersten Mal. »Und während ihr ertrinkt, werde ich hier in eurem Boot sitzen und zusehen, wie die See euch holt. Dann kehre ich zurück nach Jötunheim und erzähle meinem Bruder Baugi und meiner Tochter Gunnlöd, wie ihr gestorben seid. Und wir werden zufrieden sein, dass meine Mutter und mein Vater angemessen gerächt wurden.«

Die See begann zu steigen. Sie bedeckte die Füße der Zwerge, dann reichte sie ihnen bis zum Nabel. Bald schon trieben die Bärte der Zwerge im Schaum der Wellen, und in ihren Augen stand die blanke Angst.

»Gnade!«, riefen sie.

»Gnade, wie ihr sie meiner Mutter und meinem Vater gewährt habt?«

»Wir werden dich für ihren Tod entschädigen! Wir machen es wieder gut!«

»Ich glaube nicht, dass ihr Zwerge etwas besitzt, das mich für den Tod meiner Eltern entschädigen könnte. Ich bin ein sehr wohlhabender Riese. Ich habe Dienstboten in meiner Bergfeste und alle Reichtümer, von denen man nur träumen kann. Gold habe ich und kostbare Steine und Eisen genug, um tausend Schwerter zu schmieden. Und ich beherrsche mächtige Zauber. Was könntet ihr mir also geben, das ich nicht längst besitze?«, fragte Suttung.

Die Zwerge sagten nichts. Die Wellen stiegen höher.

»Wir haben Met, den Met der Dichtkunst«, rief Galar, als das Wasser seine Lippen berührte.

»Gewonnen aus dem Blut Kvasirs, des weisesten aller Götter!«, stieß Fjalar hervor. »Zwei Bottiche und einen Kessel, bis zum Rand gefüllt. Keiner außer uns hat ihn, keiner auf der ganzen Welt.«

Suttung kratzte sich am Kopf. »Darüber muss ich mir in Ruhe Gedanken machen.«

»Wenn du überlegst, ertrinken wir!«, brüllte Fjalar über das Tosen der Wellen hinweg.

Die Flut stieg. Wellen schlugen über den Köpfen der Zwerge zusammen. Sie rangen nach Luft, und ihre Augen waren rund vor Angst, als Suttung, der Riese, schließlich seine Hände ausstreckte und erst Fjalar und dann Galar aus dem Wasser zog.

»Der Met der Dichtkunst wird eine angemessene Entschädigung sein. Wenn ihr noch das ein oder andere drauflegt. Ich bin sicher, ihr Zwerge habt noch das ein oder andere von Wert. Dann lasse ich euch das Leben.«

Er warf sie auf den Boden des Bootes, wo sie gefesselt und durchnässt und verzweifelt strampelten wie zwei bärtige Hummer; dann ruderte er zurück an Land.

Suttung nahm den Met, den die Zwerge aus Kvasirs Blut gebraut hatten. Dann nahm er ihnen noch einige andere Dinge ab und zog davon und ließ die beiden Zwerge zurück, die sich alles in allem glücklich schätzten, mit dem Leben davongekommen zu sein.

Doch allen Leuten, die an ihrer Festung vorbeikamen, erzählten Fjalar und Galar, wie übel Suttung ihnen mitgespielt hatte. Sie erzählten es auf dem Markt, wo sie Handel trieben, und sie erzählten es auch, als Raben in der Nähe waren.

In Asgard saß Odin auf seinem hohen Thron, und seine Raben Huginn und Muninn flüsterten ihm zu, was sie auf ihrem Flug durch die Welt gesehen und gehört hatten. Odins Auge blitzte auf, als er die Geschichte von Suttungs Met erfuhr.

Die Leute, die die Geschichte kannten, nannten den Dichtermet »Schiff der Zwerge«, da er Fjalar und Galar von den Felsen im Meer sicher zurück nach Hause gebracht hatte; sie nannten ihn Suttungs Met, sie nannten ihn den Trank von Odrörir oder den Trank von Bodn und Son.

Odin lauschte den Worten seiner Raben. Dann ließ er sich Mantel und Hut bringen. Er schickte nach den Göttern und wies sie an, drei große hölzerne Bottiche zu zimmern, so groß wie möglich, und sie vor den Toren Asgards bereitzuhalten. Er sagte den Göttern, er würde sie verlassen, um durch die Welt zu streifen, und dass es womöglich eine Weile dauern würde, bis er zurückkehre.

»Zwei Dinge werde ich mit mir nehmen«, sagte Odin. »Ich brauche einen Schleifstein, um eine Klinge zu schärfen. Den besten, den wir haben. Und ich will den Bohrer namens Rati mitnehmen.« *Rati* bedeutet *Bohrer*, und Rati war der beste Bohrer, den die Götter besaßen. Er konnte sehr tief bohren und bezwang den härtesten Fels.

Odin warf den Schleifstein in die Luft, fing ihn wieder auf und steckte ihn neben den Bohrer in seinen Beutel. Und dann ging er fort.

»Ich frage mich, was er vorhat«, sagte Thor.

»Kvasir hätte es gewusst«, sagte Frigg. »Er wusste alles.«

»Kvasir ist tot«, sagte Loki. »Und was mich betrifft: Mir ist es völlig gleich, wohin der Allvater geht oder warum.«

»Ich werde beim Bau der hölzernen Bottiche helfen, die der Allvater verlangt hat«, sagte Thor.

Suttung hatte den kostbaren Met seiner Tochter Gunnlöd anvertraut, die im Inneren des Berges Hnitbjörg, im Herzen des Riesenlandes, darüber wachte. Odins Weg führte ihn nicht zu diesem Berg. Stattdessen begab er sich zu dem Ackerland, das Suttungs Bruder Baugi bewirtschaftete.

Es war Frühling, und auf den Feldern stand hoch das Gras, das geschnitten und zu Heu gewendet werden sollte. Baugi hatte neun Sklaven, Riesen wie er selbst, und sie mähten das Gras mit riesigen Sensen, von denen jede so groß war wie ein kleiner Baum.

Odin schaute ihnen zu. Als die Sonne ihren höchsten Stand erreicht hatte und sie ihre Arbeit niederlegten, um zu essen, schlenderte Odin zu ihnen hinüber und sagte: »Ich habe euch bei eurer

Arbeit zugesehen. Sagt mir, warum lässt euch euer Herr das Gras mit derart stumpfen Sensen mähen?«

»Unsere Klingen sind nicht stumpf«, sagte einer der Arbeiter.

»Wie kommst du darauf?«, fragte ein anderer. »Unsere Klingen sind die schärfsten.«

»Ich will euch zeigen, was eine gut geschärfte Klinge zu tun vermag.« Odin nahm den Schleifstein aus seinem Beutel und zog ihn über die Klinge einer Sense, dann über eine weitere und noch eine, bis schließlich alle Sensen in der Sonne blitzten. Die Riesen standen verlegen um ihn herum und sahen ihm beim Schleifen zu.

»Nun«, sagte Odin, »versucht es damit.«

Die Riesensklaven ließen ihre Sensen durch das Gras gleiten und schnappten erfreut nach Luft. Die Klingen waren so scharf, dass das Mähen keinerlei Mühe mehr machte. Die Klingen fuhren ohne jeden Widerstand durch die dicksten Halme.

»Das ist großartig«, sagten sie zu Odin. »Können wir dir deinen Schleifstein abkaufen?«

»Ihn kaufen?«, sagte der Allvater. »Ganz gewiss nicht. Lasst uns etwas tun, das gerechter ist und mehr Spaß macht. Kommt alle her. Stellt euch in einer Gruppe zusammen. Jeder hält seine Sense fest in der Hand. Stellt euch dichter zusammen.«

»Dichter können wir nicht zusammenstehen«, sagte einer der Riesensklaven. »Dafür sind die Sensen zu scharf.«

»Du bist klug.« Odin hielt den Schleifstein hoch. »Ich sage euch etwas: Derjenige, der ihn fängt, soll ihn als Einziger haben!« Und mit diesen Worten warf er den Schleifstein in die Luft.

Neun Riesen sprangen auf den Schleifstein zu, als er herabfiel, und jeder von ihnen streckte seine freie Hand aus und achtete nicht auf die Sense in der anderen (und jede Sense hatte eine vom Allvater zur Vollkommenheit geschärfte Klinge).

Sie sprangen und griffen zu und die Klingen blitzten im Mittagslicht.

Dunkles Rot spritzte auf im Sonnenschein, und die Sklaven brachen zuckend zusammen und fielen einer nach dem anderen auf die frisch gemähte Wiese. Odin stieg über die toten Riesen hinweg, hob den Schleifstein der Götter auf und steckte ihn zurück in seinen Beutel.

Jedem der neun Sklaven hatte die Klinge des Nebenmannes die Kehle durchgeschnitten.

Odin ging zum Anwesen von Baugi, Suttungs Bruder, und bat um Unterkunft für die Nacht.

»Man nennt mich Bölverk«, sagte Odin.

»Bölverk«, sagte Baugi. »Ein trostloser Name. Er bedeutet Unheilstifter.«

»Unheil bringe ich nur meinen Feinden«, sagte der, der sich Bölverk nannte. »Meine Freunde aber wissen zu schätzen, was ich tue. Ich kann die Arbeit von neun Männern verrichten, und ich arbeite, ohne müde zu werden und ohne zu klagen.«

»Die Unterkunft für die Nacht sei dir gewährt«, sagte Baugi und seufzte. »Aber du kommst an einem traurigen Tag zu mir. Gestern war ich ein reicher Mann, mit vielen Feldern und neun Sklaven, die für mich gesät und geerntet, gearbeitet und gebaut haben. Heute Abend gehören mir zwar noch die Felder und Tiere, aber all meine Diener sind tot. Sie haben einander die Kehlen durchgeschnitten. Ich weiß nicht, warum.«

»In der Tat ein trauriger Tag«, sagte Bölverk, der eigentlich Odin war. »Kannst du keine anderen Arbeiter finden?«

»Nicht mehr für dieses Jahr«, antwortete Baugi. »Es ist ja schon Frühling. Die guten Arbeiter arbeiten alle bereits für meinen Bruder Suttung, und hierher kommen nur die wenigsten Leute. Du bist seit vielen Jahren der erste Reisende, der mich um Unterkunft und Gastfreundschaft bittet.«

»Und es ist dein Glück, dass ich dies tue, denn ich kann die Arbeit von neun Männern verrichten.«

»Du bist kein Riese«, sagte Baugi. »Du bist bloß eine kleine Krabbe. Wie könntest du die Arbeit von einem meiner Diener ausführen, geschweige denn von allen neun?«

»Wenn ich es nicht schaffe, die Arbeit deiner neun Männer zu verrichten«, sagte Bölverk, »musst du mich nicht bezahlen. Aber wenn doch …«

»Ja?«

»Selbst in abgelegenen Teilen der Welt hört man Geschichten über den außergewöhnlichen Met deines Bruders Suttung. Es heißt, er schenkt jedem, der ihn trinkt, die Gabe der Dichtkunst.«

»Das ist wahr. In unserer Jugend war Suttung gewiss kein Dichter; eher war ich der Poet in unserer Familie. Aber seit er mit dem Met der Zwerge zurückgekehrt ist, ist aus ihm ein Dichter geworden und ein Träumer.«

»Wenn ich für dich arbeite und säe und baue und ernte und die Arbeit deiner toten Diener verrichte, würde ich gerne den Met deines Bruders Suttung kosten.«

»Aber …« Baugi zog die Stirn in Falten. »Aber es ist nicht an mir, dies zu gewähren. Er gehört Suttung.«

»Zu schade«, sagte Bölverk. »Dann wünsche ich dir viel Glück dabei, in diesem Jahr die Ernte einzufahren.«

»Warte! Es ist nicht an mir, das stimmt. Aber wenn du schaffst, was du sagst, werde ich mit dir zu meinem Bruder Suttung gehen und mich dafür einsetzen, dass du seinen Met kosten kannst.«

»Dann«, sagte Bölverk, »sind wir uns einig.«

Niemals zuvor hatte jemand härter gearbeitet als es Bölverk nun tat. Er bestellte das Land nicht wie neun, sondern wie zwanzig Männer. Eigenhändig kümmerte er sich um die Tiere, eigenhändig erntete er das Getreide. Er bestellte das Land, und das Land zahlte ihm die Mühe tausendfach zurück.

»Bölverk«, sagte Baugi, als die ersten Nebel des Winters den Berg herabzogen. »Man hat dir den falschen Namen gegeben. Du hast hier kein Unheil, sondern nur Gutes gestiftet.«

»Habe ich die Arbeit von neun Männern getan?«

»Das hast du, und die von noch mal neun.«

»Wirst du mir also helfen, Suttungs Met zu kosten?«

»Das werde ich!«

Am nächsten Morgen standen sie früh auf und wanderten und wanderten und wanderten, und als es Abend wurde, hatten sie Baugis Land hinter sich gelassen und Suttungs Land am Rande des Berges erreicht. Als es Nacht wurde, betraten sie Suttungs Halle.

»Sei gegrüßt, Bruder Suttung«, sagte Baugi. »Dies ist Bölverk, der in diesem Sommer mein Diener war und mein Freund.« Er erzählte Suttung von seinem Handel mit Bölverk. »Du siehst also«, schloss er, »ich muss dich bitten, ihn von deinem Dichtermet kosten zu lassen.«

Suttungs Blicke waren kalt wie Eis. »Nein.«

»Nein?«, wiederholte Baugi.

»Nein. Keinen Tropfen werde ich von diesem Met weggeben. Keinen einzigen Tropfen. Er ist sicher in seinen Bottichen Bodn und Son und dem Kessel Odrörir. Diese Gefäße befinden sich tief im Inneren des Berges Hnitbjörg und werden nur auf mein Geheiß hin geöffnet. Meine Tochter Gunnlöd wacht darüber. Dein Diener darf ihn nicht kosten. Auch du darfst ihn nicht kosten.«

»Aber es war die Entschädigung für den Tod unserer Eltern«, sagte Baugi. »Verdiene ich nicht auch einen kleinen Teil davon, um Bölverk zu zeigen, dass ich ein ehrenvoller Riese bin?«

»Nein«, sagte Suttung. »Verdienst du nicht.«

Sie verließen die Halle.

Baugi war niedergeschlagen. Seine Schultern hingen tief herab und seine Mundwinkel ebenso. Alle paar Schritte entschuldigte sich Baugi bei Bölverk. »Ich hatte nicht erwartet, dass mein Bruder so unvernünftig ist.«

»Er ist in der Tat unvernünftig«, sagte Bölverk, der eigentlich Odin war. »Aber du und ich könnten ihm den ein oder anderen Streich spielen, um ihn von seinem hohen Ross zu holen. Damit er nächstes Mal auf seinen Bruder hört.«

»Das könnten wir.« Schon richtete sich der Riese Baugi auf und seine Mundwinkel hoben sich zu etwas, das einem Lächeln ähnelte. »Was sollen wir tun?«

»Zuerst steigen wir hinauf auf Hnitbjörg, den stoßenden Berg.«

Gemeinsam bestiegen sie Hnitbjörg, der Riese voran, hinter ihm Bölverk, der im Vergleich zu ihm die Größe einer Puppe hatte, aber doch nie zurückfiel. Sie erklommen die Pfade, die die Bergziegen und Böcke ausgetreten hatten, und dann kletterten sie über Felsen, bis sie eine Höhe erreicht hatten, wo bereits der erste Schnee auf das Eis fiel, das seit dem letzten Winter nicht geschmolzen war. Sie hörten den Wind, wie er um den Berg pfiff. Sie hörten die Schreie der Vögel weit unter ihnen. Und auch noch etwas anderes hörten sie.

Es klang wie eine dröhnende menschliche Stimme. Sie schien aus den Felsen des Bergs selbst zu kommen, aber sie blieb so weit entfernt, als schallte sie aus dem Innersten.

»Was ist das für ein Lärm?«, fragte Bölverk.

Baugi runzelte die Stirn. »Es klingt wie meine Nichte Gunnlöd, die singt.«

»Dann werden wir hier Halt machen.«

Aus seinem Lederbeutel holte Bölverk den Bohrer Rati hervor. »Hier. Du bist ein Riese und groß und stark. Warum nimmst du nicht diesen Bohrer und bohrst ein Loch in den Berghang?«

Baugi nahm den Bohrer. Er drückte ihn gegen den Hang und begann, ihn zu drehen. Die Spitze bohrte sich ins Gestein wie ein Nagel in weichen Kork. Baugi drehte und drehte, wieder und wieder.

»Geschafft.« Baugi zog den Bohrer heraus.

Bölverk beugte sich über das gebohrte Loch und blies hinein. Gesteinssplitter und Staub wehten ihm entgegen.

»Mir sind soeben zwei Dinge klar geworden«, sagte Bölverk.

»Welche zwei Dinge?«, fragte Baugi.

»Dass wir noch nicht durch die Bergwand hindurchgekommen sind«, sagte Bölverk. »Du musst noch weiterbohren.«

»Das ist erst eine Sache«, sagte Baugi.

Aber Bölverk fügte dem nichts hinzu auf jenem hoch gelegenen Berghang, wo die eiskalten Winde sie packten und an ihnen rissen. Baugi stieß den Bohrer in das Loch und begann neuerlich zu drehen.

Es wurde bereits dunkel, als Baugi den Bohrer endlich wieder hervorzog. »Diesmal ist er zum Inneren des Berges vorgedrungen.«

Bölverk sagte nichts, blies sanft ins Loch und sah, wie die Gesteinssplitter nach innen rieselten.

Während er blies, bemerkte er, dass sich ihm etwas von hinten näherte. Rasch verwandelte er sich in eine Schlange, und im nächsten Augenblick schlug der scharfe Bohrer dort auf, wo eben noch sein Kopf gewesen war.

»Das Zweite, was mir klar geworden ist, als du mich angelogen hast«, zischte die Schlange in Baugis Richtung, der verblüfft dastand und den Bohrer wie eine Waffe gezückt hielt, »war, dass du mich betrügen würdest.« Und mit einem Zucken ihres Schwanzes glitt die Schlange in das Loch im Berghang.

Baugi schlug ein weiteres Mal mit dem Bohrer zu, aber die Schlange war verschwunden, und so schleuderte er den Bohrer wütend von sich und hörte, wie er auf den Felsen unter ihm aufschlug. Er dachte darüber nach, was passieren würde, wenn er zurück zu Suttungs Halle ginge und seinem Bruder verriet, dass er einen mächtigen Zauberer den Hnitbjörg hinaufgeführt und ihm dabei geholfen hatte, in den Berg hineinzukommen. Er konnte sich Suttungs Antwort auf diese Nachricht vorstellen.

Baugi ließ die Schultern und die Mundwinkel sinken, kletterte den Berg hinab und schlurfte heimwärts, zu seiner eigenen Wohnstatt und seiner eigenen Halle. Was auch immer seinem Bruder oder dem kostbaren Met seines Bruders zustieße – nun, es hatte mit ihm nichts mehr zu tun.

Bölverk indes glitt in Schlangengestalt durch das Loch im Berg und fand sich schließlich in einer riesigen Höhle wieder.

In der Höhle spendeten Kristalle ein kaltes Licht. Odin verwandelte sich von der Schlange in einen Mann – in einen riesenhaften Mann von guter Statur. Dann machte er sich auf und folgte dem Gesang.

Gunnlöd, Suttungs Tochter, stand in der Höhle vor einer verschlossenen Tür, hinter der sich die Bottiche Son und Bodn und der Kessel Odrörir befanden. In ihren Händen hielt sie ein scharfes Schwert und im Stehen sang sie vor sich hin.

»Sei gegrüßt, tapfere Maid!«, sagte Odin.

Gunnlöd sah ihn überrascht an. »Ich weiß nicht, wer du bist, also nenn deinen Namen, Fremder, und sag mir, warum ich dich am Leben lassen sollte. Ich bin Gunnlöd, die Hüterin dieses Ortes.«

»Ich bin Bölverk«, sagte Odin, »und ich weiß, dass ich den Tod verdiene, weil ich es gewagt habe, hierherzukommen. Aber halte ein und lass mich dich ansehen.«

Gunnlöd sagte: »Mein Vater Suttung hat mir befohlen, hier Wache zu halten und den Dichtermet zu schützen.«

Bölverk zuckte mit den Schultern. »Was schert mich der Dichtermet? Ich bin hierhergekommen, weil ich von der Schönheit, der Tapferkeit und der Tugend von Suttungs Tochter Gunnlöd gehört habe. Da habe ich mir gesagt: Wenn sie dir gestattet, wenigstens einen Blick auf sie zu werfen, wird es sich lohnen. Das heißt, natürlich nur, wenn sie wirklich so schön ist, wie es in den Geschichten heißt. Dies war, was ich dachte.«

Gunnlöd starrte den gut aussehenden Riesen vor sich an. »Und, Bölverk-der-gleich-sterben-wird, hat es sich gelohnt?«

»Mehr als das«, sagte er zu ihr. »Denn du bist schöner als jede Geschichte, die ich je gehört habe, schöner als jedes Lied, das jemals ein Barde in Töne gesetzt hat. Schöner als ein Berggipfel, schöner als ein Gletscher, schöner als ein Feld mit frisch gefallenem Schnee bei Sonnenaufgang.«

Gunnlöd senkte den Blick, und ihre Wangen röteten sich.

»Darf ich mich neben dich setzen?«, fragte Bölverk.

Gunnlöd nickte stumm.

Sie hatte Speisen und Trank bei sich im Berg, also aßen und tranken sie zusammen.

Danach küssten sie sich zärtlich im Dunkeln.

Nach ihren Liebkosungen sagte Bölverk traurig: »Ich wünschte, ich könnte den Met aus dem Bottich namens Son kosten, denn dann könnte ich ein wahres Lied über deine Augen schreiben, und alle Männer würden es anstimmen, um die Schönheit selbst zu rühmen.«

»Nur einen Schluck?«, fragte sie.

»Einen so kleinen Schluck, dass niemand es jemals merken würde«, sagte er. »Aber ich habe keine Eile. Du bist mir wichtiger. Ich möchte dir zeigen, wie wichtig du mir bist.«

Er zog sie zu sich heran.

Sie liebten sich in der Dunkelheit. Eng aneinandergeschmiegt lagen sie anschließend da, nackte Haut berührte nackte Haut, sie flüsterten einander Zärtlichkeiten zu, und schließlich seufzte Bölverk trauervoll auf.

»Was hast du?«, fragte Gunnlöd.

»Ich wünschte, ich hätte die Gabe, von deinen Lippen zu singen, davon, wie weich sie sind, wie viel besser als die Lippen jedes anderen Mädchens. Das wäre ein vortreffliches Lied.«

»Das ist in der Tat schade«, sagte Gunnlöd. »Denn meine Lippen sind sehr anziehend. Ich denke oft, sie sind das Schönste an mir.«

»Vielleicht, aber an dir ist so vieles vollkommen, dass es schwerfällt, das Schönste zu wählen. Doch wäre es mir erlaubt, einen winzigen Schluck aus dem Bottich namens Bodn zu kosten, würde die Gabe der Dichtkunst in meine Seele einziehen, und ich wäre fähig, ein Gedicht über deine Lippen zu verfassen, das fortdauerte bis dereinst der Wolf die Sonne verschlingt.«

»Aber nur ein *winziges* Schlückchen«, sagte sie. »Denn Vater würde ziemlich zornig werden,

wenn er glaubte, ich würde seinen Met an jeden gut aussehenden Fremden verschenken, der in die Bergfeste eindringt.«

Sie gingen durch die Höhlen, hielten sich an den Händen und küssten einander immer wieder. Gunnlöd zeigte Bölverk die Fenster und Türen, die sie vom Inneren des Berges aus öffnen konnte und durch die Suttung ihr Speis und Trank schickte, doch Bölverk schien gar nicht darauf zu achten. Er sagte, er sei an nichts außer Gunnlöd interessiert, und ihren Lippen und ihren Fingern und ihrem Haar. Gunnlöd lachte. All die schönen Worte, sagte sie, könne er unmöglich ernst meinen und ganz gewiss würde er sie nicht noch einmal lieben wollen.

Er brachte sie zum Schweigen, indem er seine Lippen auf ihre Lippen legte, und liebte sie noch einmal.

Als sie beide gänzlich befriedigt waren, begann Bölverk in der Dunkelheit zu weinen.

»Was ist los, mein Geliebter?«, fragte Gunnlöd.

»Töte mich«, sagte Bölverk. »Töte mich sofort! Denn nie werde ich dazu imstande sein, ein Gedicht zu verfassen über die Vollkommenheit deines Haares und deiner Haut, über den Klang deiner Stimme, über die Berührung deiner Finger. Gunnlöds Schönheit lässt sich unmöglich in Worte fassen.«

»Nun«, sagte sie, »ich nehme an, es dürfte nicht allzu leicht sein, solch ein Gedicht zu verfassen, aber ich bezweifle, dass es unmöglich ist.«

»Vielleicht …«

»Ja?«

»Vielleicht würde mir ein winziger Schluck aus dem Kessel namens Odrörir die Fähigkeit verleihen, deine Schönheit für alle zukünftigen Generationen in Versen festzuhalten.« Sein Schluchzen versiegte.

»Ja, das ist schon möglich. Aber es dürfte nur das *allerwinzigste* Schlückchen sein …«

»Zeig mir den Kessel, dann zeige ich dir, welch winziges Schlückchen ich zu trinken vermag.«

Gunnlöd entriegelte die Tür, und sogleich stand sie mit Bölverk vor dem Kessel und den zwei Bottichen. Der Geruch des Dichtermets lag berauschend in der Luft.

»Nur drei ganz winzige Schlucke«, sagte sie zu ihm. »Für drei Gedichte über mich, die bis in alle Ewigkeiten erklingen sollen.«

»Natürlich, meine Geliebte.« Bölverk grinste in der Dunkelheit. Hätte sie ihn in diesem Augenblick angesehen, hätte sie erkannt, dass etwas nicht stimmte.

Er setzte an und trank den Kessel Odrörir in einem Schluck aus.

Mit einem zweiten Schluck leerte er den Bottich namens Bodn.

Mit dem dritten stürzte er den Inhalt des Bottichs namens Son hinunter.

Gunnlöd war nicht dumm. Ihr wurde klar, dass sie betrogen worden war, und sie ging zum Angriff über. Sie war stark und schnell, aber Odin blieb nicht, um zu kämpfen. Er ergriff die Flucht. Er schlug die Tür hinter sich zu und schloss Gunnlöd ein.

Schnell verwandelte er sich in einen riesigen Adler. Odin kreischte, als er mit seinen Flügeln schlug, und die Türen des Berges öffneten sich, und er stieg hinauf in den Himmel.

Gunnlöds Schreie hallten durch die Morgendämmerung.

In seiner Halle erwachte Suttung und rannte ins Freie. Er schaute hinauf, sah den Adler und begriff, was sich ereignet haben musste. Auch Suttung verwandelte sich in einen Adler.

Die beiden Vögel flogen so hoch, dass sie vom Boden aus wie zwei winzige Nadelspitzen am Himmel wirkten, und sie flogen so schnell, dass sich ihr Flug anhörte wie das Brüllen eines Wirbelsturms.

In Asgard sagte Thor: »Es ist Zeit.«

Er zog die drei riesigen hölzernen Bottiche auf den Hof.

Die Götter von Asgard beobachteten die beiden Adler, die kreischend über den Himmel jagten und immer näher kamen. Es war knapp. Suttung war schnell und dicht hinter Odin, und sein Schnabel berührte beinahe Odins Schwanzfedern, als sie Asgard erreichten.

Als Odin über dem Hof ankam, spuckte er aus: Er spuckte den Met in einem gewaltigen Schwall in die Bottiche, füllte einen nach dem anderen, wie ein Vogel, der seinen Kindern Futter bringt.

Seit jenem Tag wissen wir, dass jene, die mit ihren Worten zaubern können, die Gedichte verfassen und Sagas und Geschichten zu weben wissen, vom Met der Dichtkunst gekostet haben. Hören wir einen guten Dichter, sagen wir, er habe von Odins Geschenk getrunken.

Dies ist also die Geschichte des Dichtermets und wie er der Welt geschenkt worden ist. Es ist eine Geschichte voller Ehrlosigkeit und Betrug, voller Mord und Täuschung. Aber es ist noch nicht die ganze Geschichte. Eine Sache muss ich euch noch erzählen. Diejenigen von euch, die empfindlich sind, sollten sich nun die Ohren zuhalten oder nicht mehr weiterlesen.

Hier ist diese letzte Sache, und sie ist ein schändliches Eingeständnis. Kurz bevor der Allvater in Adlergestalt die Bottiche erreichte und als Suttung direkt hinter ihm war, schoss Odin etwas von dem Met aus seinem Hinterteil: Ein spritzender, feuchter, übel riechender Furz traf Suttungs Gesicht, blendete den Riesen und brachte ihn ab von Odins Spur.

Niemand, weder damals noch heute, wollte je den Met trinken, der aus Odins Hintern gekommen war. Doch immer wenn ihr hört, wie schlechte Dichter ihre schlechte Dichtkunst vortragen, voll dummer Vergleiche und holpriger Reime, wisst ihr, von welchem Met sie gekostet haben.

THORS REISE INS LAND DER RIESEN

I

Thjalfi und seine Schwester Röskva lebten mit ihrem Vater Egil und ihrer Mutter auf einem Bauernhof am Rande des wilden Landes. Hinter ihrem Hof hausten Ungeheuer und Riesen und Wölfe, und viele Male geriet Thjalfi in Schwierigkeiten und musste davonlaufen. Er konnte schneller rennen als jeder und jedes andere. Da sie am Rande des wilden Landes lebten, waren Thjalfi und Röskva daran gewöhnt, dass sich in ihrer Welt Wunder und Seltsamkeiten ereigneten.

Nichts jedoch war so seltsam wie jener Tag, als zwei Besucher aus Asgard bei ihrem Hof Halt machten. Loki und Thor saßen in einem Streitwagen, der von zwei riesigen Böcken gezogen wurde, die Thor Grinser und Knirscher nannte. Die Götter baten um Unterkunft für die Nacht und um etwas zu essen. Riesig waren die Götter und mächtig.

»Für jemanden wie euch haben wir nicht das Richtige«, sagte Röskva entschuldigend. »Wir haben Gemüse, aber der Winter ist hart, und wir haben nicht einmal Hühner übrig.«

Thor schnaufte. Dann nahm er sein Messer und tötete seine beiden Böcke. Er zog ihnen das Fell ab. Dann warf er die Böcke in den riesigen Suppentopf über dem Feuer, während Röskva und ihre Mutter ihren Wintervorrat an Gemüse klein schnitten und ebenfalls hineingaben.

Loki nahm Thjalfi beiseite. Lokis grüne Augen, seine vernarbten Lippen, sein Lächeln schüchterten den Jungen ein. »Weißt du was?«, sagte Loki. »Das Beste, was ein junger Mann essen kann, ist das Mark aus den Knochen dieser Böcke. Eine Schande, dass Thor es stets für sich allein behält. Wenn du einmal genauso stark werden willst wie Thor, solltest du das Knochenmark der Böcke essen.«

Als die Speise bereitet war, nahm sich Thor einen ganzen Bock und ließ den fünf anderen das Fleisch des zweiten.

Die Felle der Böcke hatte er auf den Boden gelegt, und während er aß, warf er die Knochen auf eines davon. »Legt eure Knochen auf das andere Fell«, sagte er. »Aber brecht keinen der Knochen und kaut auch nicht an ihnen herum. Esst nur das Fleisch.«

Ihr glaubt, ihr könnt schnell essen? Ihr hättet sehen sollen, wie Loki seine Mahlzeit verschlang.

Eben noch stand sie vor ihm, im nächsten Augenblick war sie verschwunden, und er wischte sich mit dem Handrücken über die Lippen.

Die Übrigen aßen langsamer. Doch Thjalfi konnte nicht vergessen, was Loki ihm gesagt hatte, und als Thor von der Tafel aufstand, um einem natürlichen Bedürfnis nachzugehen, zog Thjalfi sein Messer, brach einen der Beinknochen auf und aß etwas von dem Mark darin. Den gebrochenen Knochen legte er auf das Fell und bedeckte ihn mit unversehrten Knochen, damit niemand etwas merkte.

In dieser Nacht schliefen sie alle in der großen Halle.

Am Morgen bedeckte Thor die Knochen mit den Fellen der Böcke, nahm seinen Hammer Mjöllnir und hob ihn hoch in die Luft. Er sagte: »Grinser, sei ganz.« Ein Blitz zuckte auf, dann streckte Grinser sich, blökte und begann zu grasen. Thor sagte: »Knirscher, sei ganz«, und mit Knirscher geschah dasselbe. Doch der Bock schwankte, humpelte unsicher zu Grinser hinüber und stieß ein hohes, schmerzverzerrtes Blöken aus.

»Knirschers Hinterlauf ist gebrochen«, sagte Thor. »Bringt mir einen Holzzweig und ein Stück Tuch.«

Er legte eine Schiene an das Bein seines Bockes und verband es. Als dies erledigt war, musterte er die Familie, und Thjalfi meinte, noch nie etwas derartig Furchteinflößendes gesehen zu haben wie Thors flammend rote Augen. Thors Faust hatte sich um den Schaft seines Hammers geschlossen. »Einer von euch hat den Knochen gebrochen«, sagte er mit donnergleicher Stimme. »Ich habe euch Leuten etwas zu essen gegeben und euch nur um eines gebeten, und doch habt ihr mich hintergangen.«

»Ich war es«, sagte Thjalfi. »Ich habe den Knochen zerbrochen.«

Loki versuchte ernst dreinzublicken, aber unwillkürlich umspielte ein Lächeln seine Mundwinkel. Es war kein aufmunterndes Lächeln.

Thor hob seinen Hammer. »Ich sollte euren gesamten Hof dem Erdboden gleichmachen.« Egil sah ängstlich aus, und Egils Frau begann zu weinen. Dann sagte Thor: »Verratet mir, warum ich diesen Ort nicht in ein Trümmerfeld verwandeln sollte.«

Egil erwiderte nichts. Thjalfi aber erhob sich. Er sagte: »Das hat mit meinem Vater nichts zu tun. Er wusste nicht, was ich getan habe. Bestrafe mich, nicht ihn. Sieh mich an: Ich bin ein sehr schneller Läufer. Ich bin gelehrig. Verschone meine Eltern, dann will ich dein Leibeigner sein.«

Seine Schwester Röskva erhob sich ebenfalls. »Ohne mich geht er nicht fort. Nimmst du ihn, nimmst du uns beide.«

Thor dachte einen Augenblick darüber nach. Dann: »Na schön. Zunächst wirst du, Röskva,

hierbleiben und dich um Grinser und Knirscher kümmern, solange Knirschers Bein verheilt. Wenn ich zurückkomme, werde ich euch alle drei mitnehmen.« Er wandte sich an Thjalfi. »Und du kannst mich und Loki begleiten. Wir gehen nach Utgard.«

II

Die Welt hinter dem Bauernhof war eine Wildnis, und Thor und Loki und Thjalfi reisten ostwärts, gen Jötunheim, der Heimstatt der Riesen, und aufs Meer zu.

Je weiter sie nach Osten kamen, desto kälter wurde es. Eisige Winde wehten und raubten ihren Körpern alle Wärme. Kurz vor Sonnenuntergang, als es noch hell genug war, um etwas zu sehen, schauten sie sich nach einem Unterschlupf für die Nacht um. Thor und Thjalfi entdeckten nichts. Loki blieb länger fort und kehrte mit einem verblüfften Ausdruck auf seinem Gesicht zu ihnen zurück. »Dort drüben steht ein seltsames Haus.«

»Wie seltsam?«, fragte Thor.

»Es besteht nur aus einem großen Raum. Keine Fenster, und der Eingang ist riesig, aber es gibt keine Tür. Es sieht aus wie eine riesige Höhle.«

Der kalte Wind ließ ihre Finger taub werden und stach in ihre Wangen. Thor sagte: »Wir werden es uns ansehen.«

Die Haupthalle zog sich weit in die Länge. »Dort hinten könnten wilde Tiere oder Ungeheuer lauern«, sagte Thor. »Wir wollen uns beim Eingang niederlassen.«

Also taten sie dies. Es war, wie Loki es beschrieben hatte: ein riesiges Gebäude, bestehend aus einer einzigen Halle, von der noch ein langer Raum fortführte. Neben dem Eingang machten sie ein Feuer und schliefen etwa eine Stunde, bis ein Lärm sie aufschrecken ließ.

»Was ist das?«, fragte Thjalfi.

»Ein Erdbeben?«, fragte Thor. Der Boden erzitterte. Etwas dröhnte. Es hätte ein Vulkan sein können oder eine Lawine aus großen Felsen oder hundert wütende Bären.

»Ich glaube nicht«, sagte Loki. »Lasst uns in den Raum nebenan gehen. Nur zur Sicherheit.«

Loki und Thjalfi schliefen in dem angrenzenden Raum, und der grollende Lärm hielt bis Tagesanbruch an. Thor hielt während der ganzen Nacht am Eingang des Hauses Wache, seinen Hammer fest in der Hand. Er war im Verlauf der Nacht immer gereizter geworden; wollte nur noch erkunden und angreifen, was dort draußen rumorte und die Erde beben ließ. Sobald sich der Himmel zu lichten begann, ging Thor, ohne seine Gefährten zu wecken, in den Wald und suchte nach dem Ursprung des Geräuschs.

Als er sich näherte, bemerkte er, dass es verschiedene, aufeinanderfolgende Geräusche waren. Zuerst ein dröhnendes Grollen, dann ein Summen und danach eine Art leiseres Pfeifen, das jedoch so durchdringend war, dass Thor jedes Mal der Kopf und die Zähne schmerzten.

Thor erreichte die Kuppe eines Hügels und betrachtete die Welt unter ihm.

Ausgestreckt im Tal lag die größte Gestalt, die er jemals erblickt hatte. Haare und Bart des Riesen waren kohlrabenschwarz, seine Haut so weiß wie ein schneebedecktes Feld. Die Augen hatte er geschlossen, und er schnarchte: Das war das Dröhnen, das Summen und Pfeifen, dem Thor gefolgt war. Bei jedem Schnarchen erzitterte der Boden. Das war das Beben, das sie in der Nacht gespürt hatten. Der Riese war so groß, dass Thor im Vergleich zu ihm wie ein Käfer oder eine Ameise wirkte.

Thor griff nach seinem Kraftgürtel Megingjörd und zog ihn fest, sodass sich seine Kraft verdoppelte und er stark genug sein würde, um selbst gegen den größten aller Riesen zu kämpfen.

Dann beobachtete Thor, wie der Riese seine Augen öffnete: Sie waren von strahlend eisigem Blau. Wirklich bedrohlich sah er allerdings nicht aus.

»Sei gegrüßt!«, rief Thor.

»Guten Morgen!«, rief der schwarzhaarige Riese mit einer Stimme so gewaltig wie eine Lawine. »Man nennt mich Skrymir. Das heißt großer Bursche. So ist meine Familie, immer zu Scherzen aufgelegt. Gibt einem kleinen Wicht wie mir solch einen Namen! Aber was soll man machen? Nun, wo sind meine Handschuhe? Ich hatte letzte Nacht zwei davon, weißt du, aber einen habe ich fallen gelassen.« Er hob seine Hände: An der rechten trug er eine Art ledernen Fäustling. Die andere war nackt.

»Oh, da ist er ja!«

Er streckte die Hand aus, griff über den Hügel hinweg, über den Thor geklettert war, und hob etwas auf, bei dem es sich offenbar um seinen zweiten Fäustling handelte. »Seltsam. Da ist was drin«, sagte er und schüttelte ihn.

Thor erkannte ihren Unterschlupf der vergangenen Nacht, gerade als Thjalfi und Loki aus der Öffnung des Handschuhs herausstürzten und im Schnee darunter landeten.

Skrymir legte seinen linken Fäustling an und betrachtete glücklich seine behandschuhten Hände. »Wir können zusammen reisen. Wenn du magst.«

Thor sah Loki an und Loki sah Thor an und sie beide sahen den jungen Thjalfi an, der mit den Schultern zuckte. »Ich kann mit dem Riesen Schritt halten«, sagte er im Vertrauen auf seine Schnelligkeit.

»Also gut«, rief Thor.

Sie frühstückten mit dem Riesen. Er zog ganze Kühe und Schafe aus seinem Proviantbeutel, kaute und schluckte sie herunter, während die drei Gefährten bescheidenere Portionen zu sich nahmen. Nach dem Mahl sagte Skrymir: »Hier. Ich stecke euren Proviant in meinen Beutel. Dann müsst ihr weniger tragen, und heute Abend essen wir gemeinsam, wenn wir unser Lager aufgeschlagen haben.« Er verstaute ihr Essen in seinem Beutel, verschnürte ihn und marschierte gen Osten davon.

Thor und Loki eilten mit dem unermüdlichen Schritt der Götter hinter dem Riesen her. Thjalfi rannte so schnell, wie jemals ein Mensch gerannt war, aber da die Stunden verstrichen, fiel selbst ihm es schwer, mitzuhalten. Manchmal kam es ihm vor, als sei der Riese nur ein weiterer Berg in der Ferne, dessen Gipfel in den Wolken verborgen lag.

Als der Abend hereinbrach, holten sie Skrymir ein. Er hatte unter einer riesigen alten Eiche einen Platz für ihr Lager gefunden und es sich selbst in der Nähe bequem gemacht. Sein Kopf ruhte auf einem großen Felsen. »Ich bin nicht hungrig«, sagte er. »Macht euch um mich keine Sorgen. Ich werde mich früh schlafen legen. Euer Proviant ist in meinem Beutel, und der lehnt dort drüben an dem Baum. Gute Nacht.«

Er begann zu schnarchen. Als das vertraute Grollen, Summen und Pfeifen die Bäume erzittern ließ, erklomm Thjalfi den Proviantbeutel des Riesen. Er rief zu Thor und Loki herab: »Ich kann ihn nicht aufbinden. Die Schnüre sind zu schwer für mich. Sie könnten ebenso gut aus Eisen sein.«

»Ich kann Eisen verbiegen«, sagte Thor, sprang auf den Proviantbeutel und zog an den Schnüren.

»Nun?«, fragte Loki.

Thor schnaufte und riss, riss und schnaufte. Dann zuckte er mit den Schultern. »Ich glaube, wir werden heute kein Abendessen bekommen. Es sei denn, dieser verdammte Riese schnürt für uns seinen Beutel auf.«

Er schaute den Riesen an, dann betrachtete er Mjöllnir, seinen Hammer. Er kletterte von dem Beutel herab und hinauf auf Skrymirs schlafenden Kopf, hob den Hammer und ließ ihn auf Skrymirs Stirn niederkrachen.

Skrymir öffnete schlaftrunken ein Auge. »Ich glaube, mir ist gerade ein Blatt auf den Kopf gefallen und hat mich geweckt. Habt ihr schon aufgegessen? Seid ihr bereit zum Schlafen? Das kann ich euch nicht verübeln. War ein langer Tag.« Und damit drehte er sich um, schloss die Augen und begann aufs Neue zu schnarchen.

Loki und Thjalfi gelang es, trotz des Lärms, einzuschlafen, aber Thor kam nicht zur Ruhe. Er war wütend, er war hungrig, und er traute dem Riesen nicht, inmitten der östlichen Wildnis. Um

Mitternacht war er noch immer hungrig und hatte endgültig genug von dem Schnarchen. Noch einmal kletterte er auf den Kopf des Riesen und stellte sich zwischen seine Augenbrauen.

Thor spuckte in die Hände. Er rückte seinen Kraftgürtel zurecht. Er hob Mjöllnir über seinen Kopf. Und er holte aus und schlug mit aller Kraft zu. Er war sich sicher, dass der Hammer sich tief in Skrymirs Stirn graben würde.

Es war zu dunkel, um die Augenfarbe des Riesen zu erkennen, aber seine Lider hoben sich. »Na so was«, sagte der große Geselle. »Thor? Bist du das? Ich glaube, es ist gerade eine Eichel vom Baum auf meinen Kopf gefallen. Wie spät ist es?«

»Es ist Mitternacht«, sagte Thor.

»Nun dann, bis morgen früh.« Dröhnendes Schnarchen ließ umgehend den Boden beben und die Baumkronen erzittern.

In der Dämmerung kurz vor Anbruch des Tages beschloss Thor, noch hungriger, noch wütender und immer noch schlaflos, zu einem letzten Schlag auszuholen, der das Schnarchen für immer verstummen lassen sollte. Diesmal zielte er auf die Schläfe des Riesen, und er traf Skrymir mit aller Kraft. Niemals zuvor hatte es einen solchen Schlag gegeben. Thor hörte ihn von den Berggipfeln widerhallen.

»Weißt du«, sagte Skrymir, »ich glaube, mir ist gerade etwas von einem Vogelnest auf den Kopf gefallen. Zweige. Ich weiß nicht.« Er gähnte und streckte sich. Dann rappelte er sich auf und kam auf die Füße. »Nun, ich habe genug geschlafen. Zeit, aufzubrechen. Wollt ihr drei nach Utgard? Dort wird man sich gut um euch kümmern. Ich verspreche euch ein gewaltiges Festmahl, Hörner voller Bier und danach jede Menge Ringen und Wettrennen und Kräftemessen. In Utgard haben sie es gerne spaßig. Es liegt im Osten – geht einfach in diese Richtung, wo der Himmel sich erhellt. Ich mache mich jetzt auf Richtung Norden.« Er grinste, sodass seine Zahnlücke zu sehen war, was gewiss dümmlich ausgesehen hätte, wären seine Augen nicht so blau und klar gewesen.

Dann beugte er sich vor und legte sich eine Hand an den Mund, als wolle er nicht gehört werden, was von begrenzter Wirkung war, denn sein Flüstern dröhnte ohrenbetäubend laut. »Ich habe euch vorhin zufällig gehört, als ihr darüber spracht, wie schrecklich groß ich sei. Und ich nehme an, ihr wolltet mir ein Kompliment machen. Aber falls ihr jemals in den Norden vordringen solltet, werdet ihr *wirkliche* Riesen treffen, die richtig großen Burschen. Und dann werdet ihr begreifen, was für ein Winzling ich bin.«

Wieder grinste Skrymir; dann stampfte er gen Norden davon, und der Boden bebte unter seinen Füßen.

III

Sie reisten in östlicher Richtung durch Jötunheim, immer dem Sonnenaufgang entgegen, und das mehrere Tage lang.

Am ersten Tag meinten sie, eine Festung von gewöhnlicher Größe zu sehen, und sie glaubten, nicht weit entfernt von ihr zu sein. Sie gingen darauf zu, beschleunigten ihre Schritte, aber sie wuchs nicht und veränderte sich nicht und schien auch nicht näher zu kommen. Im Laufe der Tage wurde ihnen klar, wie groß sie war und wie weit entfernt.

»Ist das Utgard?«, fragte Thjalfi.

Loki klang beinahe ernst, als er erwiderte: »Das ist es. Von dort stammt meine Familie.«

»Bist du schon einmal dort gewesen?«

»Nein, noch nicht.«

Sie schritten bis zum Tor der Festung, ohne jemanden zu sehen. Doch es hörte sich an, als ginge im Inneren ein Fest vonstatten. Das Tor war höher als die meisten Kathedralen späterer Zeiten, und es wurde von einem Gitter aus Metallstreben bedeckt, das jeden unerwünschten Riesen in ehrfürchtigem Abstand hielt.

Thor brüllte, aber niemand antwortete auf seine Rufe.

»Sollen wir hineingehen?«, fragte er Loki und Thjalfi.

Sie duckten sich und tauchten unter dem Gitter des Tores hindurch. Die Reisenden gingen über den Hof der Festung und zur großen Halle. Dort standen Bänke hoch wie Baumkronen, und auf ihnen saßen Riesen. Thor schlenderte hinein. Thjalfi fürchtete sich schrecklich, aber er ging neben Thor, und Loki folgte ihnen.

Sie erkannten den König der Riesen auf dem höchsten Stuhl am Ende der Halle. Sie durchquerten den Saal und verbeugten sich tief.

Der König hatte ein schmales, kluges Gesicht und flammend rotes Haar. Seine Augen waren von eisigem Blau. Er musterte die Reisenden und hob eine Augenbraue.

»Du liebe Zeit«, sagte er. »Klitzekleine Winzlinge überfallen uns. Nein, mein Fehler. *Du* musst der berühmte Thor der Asen sein. Dann bist *du* gewiss Loki, Laufeys Sohn. Ich kannte deine Mutter ein wenig. Sei gegrüßt, kleiner Verwandter. Ich bin Utgardloki, der Loki von Utgard. Und du bist?«

»Thjalfi«, sagte Thjalfi. »Ich bin Thors Diener.«

»Seid alle willkommen hier in Utgard«, sagte Utgardloki. »Der beste Ort der Welt für alle Außergewöhnlichen. Hier ist jeder willkommen, der geschickter und raffinierter ist als jeder andere auf der Welt. Kann einer von euch irgendetwas Besonderes? Was ist mit dir, kleiner Verwandter? Wozu bist du allein imstande?«

»Ich kann schneller essen als jeder andere«, sagte Loki, und das war keine Prahlerei.

»Wie interessant. Hier siehst du meinen Diener. Lustigerweise heißt er Logi. Hättest du Lust auf ein Wettessen mit ihm?«

Loki zuckte mit den Schultern, als wäre es ihm völlig gleich.

Utgardloki klatschte in die Hände, und eine lange hölzerne Wanne wurde hereingetragen, in der alle Arten gebratener Tiere lagen: Gänse und Ochsen und Schafe, Böcke und Kaninchen und Rehe. Als er erneut in die Hände klatschte, fing Loki an zu essen. Er begann am äußeren Ende der Wanne und arbeitete sich zur Mitte vor.

Er aß inbrünstig, er aß entschieden, er aß, als gäbe es nur ein Ziel in seinem Leben: so viel wie möglich so schnell wie möglich in sich hineinzustopfen. So geschwind fuhren seine Hände zum Mund, dass man sie gar nicht mehr erkennen konnte.

Logi und Loki trafen sich in der Mitte der Wanne.

Utgardloki blickte von seinem Thron herab. »Nun, ihr habt beide mit derselben Schnelligkeit gegessen – nicht schlecht! –, aber Logi hat die Knochen der Tiere nicht verschmäht, und ja, wie es aussieht, hat er auch die hölzerne Wanne mitverspeist, in der alles serviert wurden. Loki hat alles Fleisch verzehrt, das stimmt, aber die Knochen hat er kaum angerührt, und die Wanne hat er nicht einmal probiert. Diese Runde geht also an Logi.«

Utgardloki schaute Thjalfi an. »Du, Junge. Was ist deine besondere Stärke?«

Thjalfi zuckte mit den Schultern. Er kannte niemanden, der schneller lief als er. Er konnte aufgeschreckte Kaninchen einholen und Vögel im Flug. Also sagte er: »Ich kann laufen.«

»Dann«, sagte Utgardloki, »sollst du laufen.«

Sie gingen hinaus, und auf einer ebenen Stelle fanden sie einen Pfad, der sich hervorragend als Laufstrecke eignete. Zahlreiche Riesen standen bereits am Rand und warteten, rieben sich die Hände und hauchten in sie hinein, um sie zu wärmen.

»Du bist bloß ein Junge, Thjalfi«, sagte Utgardloki. »Deshalb werde ich dich nicht gegen einen ausgewachsenen Mann antreten lassen. Wo ist unser kleiner Hugi?«

Ein Riesenkind trat vor, ein Junge, so dünn, dass man ihn kaum sehen konnte, und nicht viel größer als Loki und Thor. Das Kind blickte Utgardloki an und sagte nichts, aber es lächelte. Thjalfi war sich nicht sicher, ob der Junge bereits hier gewesen war, bevor man ihn gerufen hatte. Aber nun war er da.

Hugi und Thjalfi stellten sich Seite an Seite und warteten.

»Los!«, rief Utgardloki mit einer Stimme wie Donnerhall, und die Jungen liefen los. Thjalfi rannte, wie er noch nie zuvor gerannt war, aber Hugi zog an ihm vorbei und erreichte die Zielgerade, als er noch nicht einmal die Hälfte der Strecke geschafft hatte.

Utgardloki rief: »Der Sieg geht an Hugi.« Dann hockte er sich neben Thjalfi. »Du wirst schneller laufen müssen, wenn du gegen Hugi bestehen willst. Dennoch habe ich noch nie einen Menschen so rennen sehen. Lauf schneller, Thjalfi.«

Thjalfi stellte sich ein weiteres Mal neben Hugi am Beginn der Strecke auf. Keuchend schnappte er nach Luft, und er hörte sein Herz in den Ohren hämmern. Er wusste, wie schnell er gerannt war, doch Hugi war noch schneller gewesen und schien völlig entspannt zu sein. Er atmete nicht einmal schwer. Der Riesenjunge blickte Thjalfi an und lächelte. Etwas an Hugi erinnerte Thjalfi an Utgardloki, und er fragte sich, ob das Riesenkind vielleicht Utgardlokis Sohn sei.

»Los!«

Sie rannten. Thjalfi rannte so schnell, wie er noch nie gerannt war, so schnell, dass die Welt nur noch aus ihm und Hugi zu bestehen schien. Und doch war ihm Hugi auf ganzer Strecke voraus. Hugi erreichte die Ziellinie, als Thjalfi noch immer fünf, womöglich zehn Sekunden entfernt davon war.

Thjalfi wusste, dass er dem Sieg diesmal nahe gewesen war, wusste, dass er nur alles geben musste, um es zu schaffen.

»Lass uns noch einmal laufen«, keuchte er.

»Na schön«, sagte Utgardloki. »Du darfst noch einmal laufen. Du bist schnell, junger Mann, aber ich glaube nicht, dass du siegen kannst. Dennoch werden wir das letzte Rennen über den Sieger entscheiden lassen.«

Hugi trat an den Streckenbeginn, und Thjalfi stellte sich neben ihn. Er konnte Hugi nicht einmal atmen hören.

»Viel Glück«, sagte Thjalfi.

»Diesmal«, sagte Hugi mit einer Stimme, die nur in Thjalfis Kopf zu erklingen schien, »wirst du mich wirklich laufen sehen.«

»Los!«, rief Utgardloki.

Thjalfi rannte, wie kein Mensch je gerannt war. Er rannte, wie ein Wanderfalke durch die Luft schießt, er rannte, wie ein Sturmwind bläst, er rannte, wie Thjalfi rennt, und niemand ist je wie Thjalfi gerannt, nicht vor ihm und auch später niemals wieder.

Aber Hugi hängte ihn mühelos ab, bewegte sich rascher noch als zuvor. Bevor Thjalfi die Hälfte der Strecke erreicht hatte, war Hugi am Ende angelangt und schon wieder auf dem Rückweg.

»Genug!«, rief Utgardloki.

Sie kehrten in die große Halle zurück. Die Stimmung unter den Riesen war inzwischen entspannter, großzügiger.

»Ah«, sagte Utgardloki. »Das Versagen dieser beiden mag verständlich sein. Aber nun, nun werden wir etwas sehen, das uns gewiss beeindruckt. Nun ist Thor an der Reihe, der Gott des Donners, der mächtigste aller Helden. Thor, dessen Taten in allen Welten besungen werden. Götter und Sterbliche erzählen Geschichten von deinen Gelagen. Wirst du uns zeigen, was du besonders gut kannst?«

»Erst einmal kann ich trinken«, sagte Thor. »Es gibt keinen Becher, den ich nicht zu leeren wüsste.«

Utgardloki dachte darüber nach. »Natürlich. Wo ist mein Mundschenk?« Der Mundschenk trat vor. »Bring mir mein besonderes Trinkhorn.«

Der Mundschenk nickte, ging davon und kehrte Augenblicke später mit einem langen Horn zurück. Es war länger als alle Trinkhörner, die Thor jemals gesehen hatte, aber er machte sich keine Sorgen. Er war schließlich Thor, und es gab kein Trinkhorn, das er nicht zu leeren vermochte. Runen und Muster waren in das Horn graviert, und das Mundstück war mit Silber besetzt.

»Es ist das Trinkhorn dieses Schlosses«, sagte Utgardloki. »Wir alle hier haben es geleert, jeder in seiner eigenen Geschwindigkeit. Die Stärksten und Mächtigsten von uns leerten es in einem Zug, und ich gebe zu, dass einige andere zwei Anläufe benötigten. Doch ich bin stolz, dir sagen zu können, dass hier niemand so schwach ist, so enttäuschend, dass er drei Versuche gebraucht hätte.«

Es war ein langes Horn, aber Thor war Thor, und er hob das zum Bersten gefüllte Horn an seine Lippen und begann zu trinken. Der Met der Riesen war kalt und salzig, aber er trank ihn, trank, bis er nicht mehr atmen und nicht weitertrinken konnte.

Er ging davon aus, dass das Horn leer sein müsse, aber es war noch beinahe so voll wie zu Beginn.

»Ich habe mich zu dem Glauben verleiten lassen, du seist ein besserer Trinker«, sagte Utgardloki trocken. »Doch weiß ich, dass du es beim zweiten Zug leeren kannst, so wie wir alle.«

Thor holte tief Luft und legte seine Lippen an das Horn, und dann trank er, ausdauernd und mit großen Schlucken. Er war sich sicher, dass er das Horn diesmal geleert hatte, doch als er es senkte, war der Inhalt nur um eine Daumeslänge abgesunken.

Die Riesen blickten Thor an und begannen ihn zu verhöhnen, aber er funkelte sie drohend an, und schon waren sie still.

»Ah«, sagte Utgardloki. »So sind die Geschichten um den mächtigen Thor doch nur Geschichten. Nun, sei es drum, wir erlauben dir, das Horn mit einem dritten Versuch zu leeren. Es kann schließlich nicht mehr viel drin sein.«

Thor hob das Horn an die Lippen und trank, trank wie ein Gott trinkt, trank mit so langen und so tiefen Schlucken, dass Loki und Thjalfi ihn verblüfft anstarrten.

Aber als er das Horn senkte, war der Met wiederum nur um eine Fingerknöchellänge abgesunken. »Ich habe genug davon«, sagte Thor. »Und ich kann nicht glauben, dass dies ein einfacher Met ist.«

Utgardloki ließ seinen Mundschenk das Horn davontragen. »Es ist Zeit für ein Kräftemessen. Kannst du eine Katze heben?«

»Was soll die Frage? Natürlich kann ich eine Katze hochheben.«

»Nun«, sagte Utgardloki, »wir haben alle gesehen, dass du keineswegs so stark bist, wie wir gedacht haben. Die jungen Leute hier in Utgard erproben ihre Kraft, indem sie meine Hauskatze heben. Nun, ich sollte dich warnen, du bist kleiner als wir alle, und meine Katze ist eine Riesenkatze. Ich würde es also verstehen, wenn du sie nicht heben könntest.«

»Ich werde deine Katze hochheben«, sagte Thor.

»Vermutlich schläft sie am Feuer«, sagte Utgardloki. »Lass uns zu ihr gehen.«

Die Katze schlief, aber sie schreckte auf, als sie eintraten, und sprang in die Mitte des Raumes. Sie war grau, und sie war so groß wie ein Mann. Doch Thor war mächtiger als jeder Mann, und er griff mit beiden Händen um den Bauch der Katze, um sie hoch über seinen Kopf zu hieven. Die Katze schien das nicht zu beeindrucken; sie machte einen Buckel, machte sich groß und zwang Thor so, sich so weit zu strecken wie er konnte.

Thor würde sich nicht besiegen lassen in einem einfachen Spiel, in dem es nur darum ging, eine Katze zu heben. Er zerrte und bemühte sich und schaffte es schließlich, eine Pfote der Katze vom Boden zu lösen.

Aus weiter Entfernung hörten Thor und Thjalfi und Loki ein Geräusch, als würden riesige Felsen gegeneinandergerieben; das dröhnende Geräusch von Bergen, die sich in Schmerzen wanden.

»Genug«, sagte Utgardloki. »Es ist nicht deine Schuld, dass du meine Hauskatze nicht aufheben kannst, Thor. Es ist eine große Katze, und du bist im Vergleich zu uns Riesen ein schmächtiger kleiner Geselle.« Er grinste.

»Schmächtiger kleiner Geselle?«, sagte Thor. »Nun, ich ringe jeden von euch nieder …«

»Nach dem, was wir bisher gesehen haben«, sagte Utgardloki, »wäre ich ein schrecklicher Gastgeber, wenn ich dich mit einem echten Riesen ringen ließe. Du könntest verletzt werden. Außerdem fürchte ich, dass keiner meiner Männer mit jemandem ringen würde, der es nicht geschafft hat, mein Trinkhorn zu leeren, und der nicht einmal meine Hauskatze vom Boden heben konnte. Aber ich sag dir was: Wenn du unbedingt ringen möchtest, lasse ich dich mit meiner alten Amme ringen.«

»Mit deiner Amme?« Thor konnte es nicht glauben.

»Sie ist alt, das stimmt. Aber sie hat mir das Ringen beigebracht, vor langer Zeit, und ich bezweifele, dass sie vergessen hat, wie es geht. Sie ist mit den Jahren geschrumpft, sie wird also eher deine Größe haben. Außerdem ist sie es gewohnt, mit Kindern zu spielen.« Und als er den Ausdruck auf Thors Gesicht sah, fügte er hinzu: »Ihr Name ist Elli, und ich habe sie Männer beim Ringen besiegen sehen, die weit stärker zu sein schienen als du. Sei nicht zu selbstbewusst, Thor.«

»Ich würd lieber mit deinen Männern ringen«, sagte Thor. »Aber ich ringe auch mit deiner alten Amme.«

Sie schickten nach der alten Frau, und schließlich tauchte sie auf: So gebrechlich, so grau, so faltig und runzlig sah sie aus, dass es schien, als könne sie schon ein leichter Windstoß davonwehen. Sie war eine Riesin, aber nur ein wenig größer als Thor. Ihr Haar war dünn und brüchig auf ihrem uralten Kopf. Sie schien älter zu sein als jeder andere, dem Thor jemals begegnet war. Er wollte ihr nicht wehtun.

Dennoch traten sie einander gegenüber. Der Erste, der es schaffte, den anderen zu Boden zu ringen, sollte Sieger sein. Thor schupste die alte Frau und zog an ihr, versuchte, sie zu bewegen, sie niederzuzwingen, aber ebenso gut hätte sie ein Fels sein können. Es war zwecklos. Sie schaute ihn die ganze Zeit mit ihren farblosen Augen an und sagte kein Wort.

Und dann streckte die alte Frau die Hand aus und berührte Thor sanft an einem Bein. Er spürte, wie es sofort schwächer wurde, und stieß sie zurück. Doch sie warf ihre Arme um ihn und zog ihn Richtung Boden. Er wehrte sich, so fest er konnte, doch es nützte nichts, und bald schon war er gezwungen, sich auf ein Knie zu stützen …

»Halt!«, sagte Utgardloki. »Wir haben genug gesehen, großer Thor. Du kannst nicht einmal meine alte Amme besiegen. Ich denke nicht, dass einer meiner Männer nun noch mit dir ringen wird.«

Thor schaute Loki an, und sie beide schauten Thjalfi an. Dann nahmen sie neben dem großen Feuer Platz, und die Riesen erwiesen ihnen Gastfreundschaft – das Essen war gut, und der Wein weniger salzig als der Met aus dem Trinkhorn des Riesen –, aber sie sprachen alle drei weit weniger als normalerweise bei einem Festgelage.

Die Gefährten waren still und verlegen und gedemütigt durch ihre Niederlage.

Sie verließen die Festung von Utgard bei Tagesanbruch, und König Utgardloki begleitete sie hinaus.

»Nun?«, fragte Utgardloki. »Wie hat euch der Aufenthalt in meinem Heim gefallen?«

Sie blickten finster zu ihm auf.

»Nicht besonders«, sagte Thor. »Ich habe mir immer viel darauf eingebildet, stark zu sein, und in diesem Augenblick fühle ich mich wie ein Nichts und Niemand.«

»Ich habe geglaubt, ich könne schnell rennen«, sagte Thjalfi.

»Und ich bin noch nie bei einem Wettessen geschlagen worden«, sagte Loki.

Sie passierten die Tore und verließen Utgardlokis Burgfeste.

»Wisst ihr«, sagte der Riese. »Ihr seid nicht nichts und niemand. Fürwahr, hätte ich gestern Abend gewusst, was ich heute weiß, ich hätte euch niemals in meine Feste geladen, und ich werde sichergehen, dass ihr nie wieder Einlass erhaltet. Seht, ich habe euch hereingelegt, euch alle, mit Trugbildern.«

Die Reisenden blickten den Riesen an, der zu ihnen herablächelte. »Erinnert ihr euch an Skrymir?«

»Den Riesen? Natürlich.«

»Das war ich. Ich habe einen Zauber genutzt, um mich so groß werden zu lassen und mein Erscheinungsbild zu ändern. Mein Proviantbeutel war mit unzerstörbarem Eisen verschnürt und konnte nur mit Magie geöffnet werden. Bevor du mich mit deinem Hammer geschlagen hast, Thor, während ich so tat, als würde ich schlafen, wusste ich genau, dass selbst der leichteste Schlag von deiner Hand meinen Tod bedeutet hätte. Also habe ich Magie genutzt und einen Berg auf unsichtbare Weise zwischen den Hammer und meinen Kopf gesetzt. Schaut, dort drüben.«

Weit in der Ferne war ein Berg in der Form eines Sattels zu sehen, in den sich drei rechteckige Täler gruben, von denen das letzte das tiefste war.

»Dies war der Berg, den ich benutzt habe«, sagte Utgardloki. »Diese Täler sind durch deine Schläge entstanden.«

Thor sagte nichts, aber seine Lippen wurden schmal, seine Nasenlöcher flackerten, und sein roter Bart sträubte sich.

Loki sagte: »Erzähl mir von unserem Essen gestern Abend im Schloss. War das auch ein Trug?«

»Natürlich. Hast du jemals gesehen, wie ein Wildfeuer in ein Tal herunterkommt und alles auf seinem Weg niederbrennt? Du glaubst, du kannst schnell essen? Du wirst nie so schnell essen wie

Logi, denn Logi ist das reine Feuer, und er hat die Speisen und die hölzerne Wanne, in der sie lagen, verschlungen, indem er alles verbrannte. Ich habe nie jemanden gesehen, der so schnell essen kann wie du.«

Lokis grüne Augen blitzten auf vor Zorn und vor Bewunderung, denn er liebte einen guten Trick genauso sehr, wie er es hasste, genarrt zu werden.

Utgardloki wandte sich Thjalfi zu. »Wie rasch kannst du denken, Junge? Kannst du schneller denken als laufen?«

»Natürlich«, sagte Thjalfi. »Nichts ist so schnell wie das Denken.«

»Deswegen habe ich dich gegen Hugi antreten lassen, denn Hugi ist der Gedanke selbst. Es spielt keine Rolle, wie schnell du rennen kannst – und niemand von uns hat jemals jemanden so schnell rennen sehen wie dich –, denn nicht einmal du kannst schneller ans Ziel kommen als ein Gedanke.«

Thjalfi blieb stumm. Er wollte etwas einwenden, wollte protestieren oder weitere Fragen stellen, doch Thor sagte in einem tiefen Brummen, wie Donner, der von einem entfernten Berggipfel widerhallt: »Und ich? Was habe ich gestern Abend wirklich getan?«

Utgardloki lächelte nicht länger. »Ein Wunder. Du hast das Unmögliche vollbracht. Du konntest es nicht sehen, aber das Ende des Trinkhorns lag im tiefsten Tal des Ozeans. Du hast genug getrunken, um den Meeresspiegel zu senken, und du hast Gezeiten erschaffen. Deinetwegen, Thor, wird das Wasser des Meeres für alle Zeiten steigen und sinken. Ich war erleichtert, dass du nicht noch einen vierten Schluck genommen hast, womöglich hättest du den Ozean trockengelegt.

Die Katze, die du zu heben versucht hast, war keine Katze. Es war Jörmungand, die Midgardschlange, die sich um die Erde schlingt. Es ist unmöglich, die Midgardschlange zu bewegen, doch du hast eine Windung gelockert, als du die Pfote vom Boden gehoben hast. Erinnerst du dich an den Lärm, den du gehört hast? Das war das Geräusch der Erde, die sich bewegt hat.«

»Und die alte Frau? Deine alte Amme? Was war sie?« Thors Stimme klang verdächtig milde. Er hatte zwar den Schaft seines Hammers ergriffen, hielt ihn aber ganz entspannt.

»Das war Elli, das hohe Alter selbst. Niemand kann das hohe Alter besiegen, denn am Ende holt es jeden von uns, macht uns schwächer und schwächer, bis Elli zu guter Letzt für immer unsere Augen schließt. Das gilt für jeden von uns, nur nicht für dich, Thor. Du hast mit dem hohen Alter gerungen, und wir haben gestaunt, dass du es geschafft hast, auf den Füßen zu bleiben, dass du selbst, als sie die Übermacht über dich gewann, nur auf ein Knie hinabgesunken bist. Wir haben nie etwas gesehen wie gestern Nacht, Thor. *Niemals.*

Und nun, da wir deine Macht gesehen haben, wissen wir, wie dumm es war, dich nach Utgard kommen zu lassen. Ich werde meine Festung in Zukunft schützen, und am besten ist sie geschützt, wenn keiner von euch Utgard wiederfindet oder wiedersieht. Also will ich dafür sorgen, dass niemand euresgleichen, ganz gleich, was in späteren Tagen geschehen mag, jemals hierher zurückkehrt.«

Unvermittelt riss Thor seinen Hammer hoch über den Kopf, doch bevor er zuschlagen konnte, war Utgardloki verschwunden.

»Seht«, sagte Thjalfi.

Die Festung war fort. Es gab keine Spur mehr von Utgardlokis Burgfeste oder der Anlage darum herum. Die drei Reisenden standen auf einer wüsten Ebene ohne jede Spur von Leben weit und breit.

»Lasst uns nach Hause gehen«, sagte Loki. Und dann sagte er: »Das war gut gemacht. Großartig aufgebaute Trugbilder. Ich glaube, wir haben heute alle etwas gelernt.«

»Ich werde meiner Schwester erzählen, dass ich gegen den Gedanken angetreten bin«, sagte Thjalfi. »Ich werde Röskva sagen, dass ich hervorragend gelaufen bin.«

Thor sagte nichts. Er dachte an den vergangenen Abend, daran, wie er mit dem hohen Alter gerungen und den Ozean getrunken hatte. Er dachte an die Midgardschlange.

DIE ÄPFEL DER UNSTERBLICHKEIT

I

Wieder einmal waren sie zu dritt unterwegs und erkundeten die Bergwüsten am Rande von Jötunheim, der Heimstatt der Riesen. Diesmal waren die drei: Thor und Loki und Hönir. (Hönir war ein alter Gott. Er hatte den Menschen die Gabe der Vernunft geschenkt.)

Nahrung war schwer zu finden in jenen Bergen, und die drei Götter waren hungrig und wurden immer hungriger.

Schließlich hörten sie ein Geräusch – das Muhen von Rindern in der Ferne. Sie blickten einander an und grinsten wie hungrige Männer, die wussten, dass sie an diesem Abend etwas zu essen bekommen würden. Sie stiegen in ein grünes Tal hinab, wo hohe Eichen und Kiefern an Auen und Bäche grenzten, und dort erblickten sie die Rinder, groß und fett, die auf dem Gras des Tales weideten.

Sie hoben eine Kuhle aus und entzündeten mit Hölzern ein Feuer darin, und sie schlachteten einen Ochsen und legten ihn auf das Bett aus glühenden Kohlen. Sie bedeckten ihre Kochstelle, und dann warteten sie darauf, dass ihre Mahlzeit durchbriet.

Nach einer Weile hoben sie die Abdeckung, aber das Fleisch war noch immer roh und blutig.

Erneut entzündeten sie ein Feuer. Wieder warteten sie. Und wieder war das Fleisch am Ende noch nicht einmal erwärmt von der Hitze des Feuers.

»Habt ihr etwas gehört?«, fragte Thor.

»Was?«, fragte Hönir. »Ich habe nichts gehört.«

»Ich habe es gehört«, sagte Loki. »Still.«

Sie lauschten, und diesmal war es unverkennbar: Irgendwo lachte jemand über sie, herzhaft und amüsiert.

Die drei Götter schauten sich um, aber es war niemand im Tal, nur sie und die Rinder.

Und dann schaute Loki auf.

Auf dem höchsten Ast des größten Baumes saß ein Adler. Es war der größte Adler, den sie je gesehen hatten, ein Riese von einem Adler, und er lachte sie aus.

»Weißt du, warum unser Feuer das Essen nicht erhitzt?«, fragte Thor.

»Vielleicht«, sagte der Adler. »Herrje, ihr seht aber hungrig aus. Warum esst ihr euer Fleisch nicht roh? So machen es die Adler. Wir zerreißen es mit unserem Schnabel. Aber ihr habt keine Schnäbel, was?«

»Wir sind hungrig«, sagte Hönir. »Kannst du uns dabei helfen, unser Abendessen zu kochen?«

»Meiner Meinung nach«, sagte der Adler, »liegt eine Art Zauber auf eurem Feuer und raubt ihm all seine Hitze und seine Kraft. Wenn ihr versprecht, mir etwas von eurem Fleisch zu überlassen, gebe ich eurem Feuer seine Macht zurück.«

»Wir versprechen es dir«, sagte Loki. »Du kannst dich bedienen, sobald für uns alle das Fleisch gebraten ist.«

Der Adler flog einmal um die Weide herum und schlug derart kraftvoll mit seinen Flügeln, dass Windstöße in die Grube fuhren und die Kohlen aufflammen ließen und die Götter sich aneinander festhalten mussten, um nicht von den Füßen gefegt zu werden. Dann kehrte der Adler zu seinem Ast hoch oben im Baum zurück.

Mit neuem Mut ließen sie ihr Fleisch in der Feuerstelle schmoren und warteten. Es war Sommer, die Zeit, in der die Sonne in den Nordländern kaum jemals untergeht und die Tage ewig dauern, und so kam es ihnen vor, als sei es noch Tag, als sie spätnachts die Kuhle aufdeckten. Diesmal stieg ihnen der herrliche Geruch von gebratenem Fleisch entgegen, das zart geworden war und auf ihre Messer und Zähne wartete.

Sobald die Kuhle offen lag, schoss der Adler herab und packte mit seinen Krallen die beiden hinteren Keulen des Ochsen sowie eine Schulter und begann, das Fleisch mit seinem heißhungrigen Schnabel auseinanderzureißen. Loki war schrecklich wütend, als er sah, dass ein so großer Teil seines Abendessens verloren gehen sollte, und er hieb mit seinem Speer nach dem Adler, da er hoffte, er würde etwas von seiner Beute fallen lassen.

Der Adler schlug machtvoll mit seinen Flügeln und erschuf einen so starken Wind, dass die Götter beinahe hintenüberfielen. Das Fleisch ließ er fallen. Loki blieb jedoch keine Zeit, sich an seinem Triumph zu erfreuen, denn sein Speer war in der Seite des großen Vogels stecken geblieben, und als der Adler in die Lüfte stieg, trug er ihn mit sich fort.

Loki wollte seinen Speer loslassen, aber seine Hände klebten daran fest. Er bekam sie nicht los.

Der Vogel flog tief über das Land, sodass Lokis Füße über Steine und Kies geschleift wurden, über Berghänge und Baumkronen. Hier war ein Zauber am Werk, ein Zauber, der mächtiger war als alles, was Loki selbst an Magie zustande brachte.

»Bitte!«, brüllte er. »Hör auf damit! Du wirst mir die Arme aus den Gelenken reißen. Meine Stiefel sind bereits zerstört. Du wirst mich umbringen!«

Der Adler sauste an einem Berghang entlang und kreiste dann sanft in der kühlen Luft, hoch über dem Boden. »Vielleicht werde ich dich umbringen.«

»Was immer du willst, um mich herunterzulassen«, keuchte Loki. »Ich gebe dir, was du willst. Bitte.«

»Ich will Idun«, sagte der Adler, »und ich will ihre Äpfel. Die Äpfel der Unsterblichkeit.«

Loki hing in der Luft. Der Erdboden lag weit unter ihm in der Tiefe.

Idun war mit Bragi verheiratet, dem Gott der Dichtkunst, und sie war reizend und zärtlich und freundlich. Sie trug eine Schatulle bei sich, angefertigt aus Eschenholz, die goldene Äpfel enthielt. Spürten die Götter, dass das Alter sie berührte, ihnen das Haar mit Reif überzog und ihre Gelenke schmerzen ließ, begaben sie sich zu Idun. Dann öffnete sie ihre Schatulle und gestattete es dem Gott oder der Göttin, einen einzigen Apfel zu essen. Und während sie ihn aßen, kehrten die Jugend und die Stärke zu ihnen zurück. Ohne Iduns Äpfel wären die Götter kaum Götter …

»Du sagst ja gar nichts«, sagte der Adler. »Ich denke, ich werde dich noch über einige Felsen und Berggipfel schleifen. Und vielleicht ziehe ich dich diesmal auch durch ein paar tiefe Flüsse.«

»Ich werde dir die Äpfel besorgen«, sagte Loki. »Ich schwöre es dir. Lass mich nur herunter.«

Der Adler erwiderte nichts, aber mit dem Zucken eines Flügels begann er, in das grüne Tal hinabzugleiten, aus dem der Rauch eines Feuers aufstieg. Er schoss herab zu Thor und Hönir, die mit offenem Mund zu ihnen hinaufschauten. Als der Adler über der Feuerstelle angelangt war, fiel Loki in die Tiefe. Noch immer umklammerte er seinen Speer und stürzte ins Gras. Der Adler stieß einen Schrei aus, schlug mit den Flügeln, stieg hoch in die Luft und war Augenblicke später nur noch ein winziger Punkt am Himmel.

»Ich frage mich, was das zu bedeuten hatte«, sagte Thor.

»Wer weiß?«, sagte Loki.

»Wir haben dir etwas zu essen übrig gelassen«, sagte Hönir.

Loki war der Appetit vergangen, und seine Freunde schrieben es seinem Flug durch die Luft zu.

II

Am nächsten Tag spazierte Idun durch Asgard. Sie grüßte die Götter und musterte sie eingehend, um zu sehen, ob einer von ihnen zu altern begann. Auch an Loki kam sie vorbei. Normalerweise beachtete Loki sie nicht, aber an diesem Morgen lächelte er und begrüßte sie.

»Idun! Wie gut, dass ich dich treffe! Ich spüre, wie mir das Alter zu schaffen macht«, sagte er. »Ich muss einen von deinen Äpfeln kosten.«

»Du siehst nicht aus, als würdest du altern«, sagte sie.

»Ich lasse es mir eben nicht anmerken«, sagte Loki. »Oh! Mein Rücken tut weh! Das Alter ist eine schreckliche Sache, Idun.«

Idun öffnete ihre Eschenholzschatulle und reichte Loki einen goldenen Apfel.

Er aß ihn mit Begeisterung, verschlang ihn mitsamt den Kernen. Dann verzog er das Gesicht.

»Herrje«, sagte er. »Ich dachte, du hättest, nun ja, schmackhaftere Äpfel als diese.«

»Wie kannst du so etwas Seltsames sagen?«, entgegnete Idun. Niemals zuvor hatte jemand so auf ihre Äpfel reagiert. Für gewöhnlich sprachen die Götter nur über den vollkommenen Geschmack und wie herrlich es sich anfühlte, wieder jung zu sein. »Loki, dies sind die Äpfel der Götter. Die Äpfel der Unsterblichkeit.«

Loki sah nicht überzeugt aus. »Mag sein. Aber im Wald habe ich Äpfel gefunden, die deinen Äpfeln in jeder Hinsicht überlegen waren. Sie sahen besser aus, rochen besser und schmeckten auch besser als diese. Ich denke, es waren ebenfalls Äpfel der Unsterblichkeit. Vielleicht von einer besseren Art von Unsterblichkeit als deine.«

Er sah, wie auf Iduns Gesicht ein Ausdruck den anderen jagte: Unglauben, Verwirrung und Sorge.

»Dies sind die einzigen Äpfel dieser Art«, sagte sie.

Loki zuckte mit den Schultern. »Ich berichte dir nur, was ich gesehen habe.«

Idun ging neben ihm her. »Wo gibt es diese Äpfel?«

»Dort drüben. Ich bin mir nicht sicher, ob ich dir den Weg beschreiben kann, aber ich könnte dich in den Wald führen. Es ist nicht weit von hier.«

Sie nickte.

»Aber wenn wir den Apfelbaum gefunden haben«, sagte Loki, »wie sollen wir dann seine Früchte mit den Äpfeln aus deiner Eschenschatulle in Asgard vergleichen? Ich meine, ich könnte behaupten: Sie sind besser als deine Äpfel. Und du würdest sagen: Unsinn, Loki, dies sind verschrumpelte Holzäpfel verglichen mit meinen. Wie sollten wir uns da einigen?«

»Sei nicht albern«, sagte Idun. »Ich nehme meine Äpfel mit. Wir werden sie vergleichen.«

»Oh!«, sagte Loki. »Was für eine kluge Idee. Na schön. Dann gehen wir.«

Er führte sie in den Wald, und Idun hielt ihre Schatulle mit den Äpfeln der Unsterblichkeit fest umklammert.

Nach einer halben Stunde Marsch sagte Idun: »Loki, so langsam glaube ich, dass es diesen Baum mit den anderen Äpfeln überhaupt nicht gibt.«

»Das ist nicht nett von dir, und du verletzt mich«, sagte Loki. »Der Apfelbaum steht auf der Kuppe dieses Hügels dort.«

Sie stiegen den Hügel hinauf.

»Hier ist kein Apfelbaum«, sagte Idun. »Bloß diese hohe Kiefer, auf der ein Adler sitzt.«

»Ist das ein Adler?«, fragte Loki. »Er ist sehr groß.«

Als hätte er sie gehört, breitete der Adler seine Flügel aus und glitt von der Kiefer herab.

»Kein Adler bin ich«, sagte der Adler, »sondern der Riese Thjazi in Adlergestalt, und ich bin hier, um die wunderschöne Idun einzufordern. Du wirst meiner Tochter Skadi eine Gefährtin sein. Und vielleicht wirst du lernen, mich zu lieben. Doch was auch immer passiert, die ewige Zeit und die Unsterblichkeit der Götter von Asgard ist vorbei. Ich habe gesprochen! Thjazi hat gesprochen!«

Er packte Idun mit einer seiner krallenbesetzten Klauen und mit der anderen ihre Eschenholzschatulle samt Äpfel, und dann stieg er hinauf in den Himmel über Asgard und verschwand.

»Dies steckte also dahinter«, sagte Loki zu sich selbst. »Ich wusste, dass er nicht bloß ein Adler war.« Er schlug den Heimweg ein und hoffte, dass niemand Iduns Verschwinden – und das ihrer Äpfel – bemerken würde, und falls doch, dass es noch lange dauern würde und niemand ihr Verschwinden damit in Verbindung brachte, dass Loki sie mit sich in den Wald genommen hatte.

III

»Du hast sie als Letzter gesehen«, sagte Thor und rieb sich die Knöchel seiner rechten Hand.

»Nein, das stimmt nicht«, sagte Loki. »Wie kommst du darauf?«

»Außerdem bist du nicht *alt* geworden wie wir anderen«, sagte Thor.

»Ich bin alt, aber ich habe eben Glück«, sagte Loki. »Mir steht mein Alter.«

Thor schnaufte ganz und gar nicht überzeugt. Sein roter Bart war schneeweiß mit einigen

wenigen blass orangefarbenen Haaren darin, wie ein ehemals stolzes Feuer, das zu weißer Asche verkümmert ist.

»Schlag ihn noch einmal«, sagte Freyja. Ihr Haar war lang und grau, und die Falten in ihrem Gesicht tief und gramerfüllt. Sie war noch immer wunderschön, aber es war die Schönheit des Alters, nicht die eines goldgelockten Mädchens. »Er weiß, wo Idun steckt. Und er weiß, wo sich die Äpfel befinden.« Der Halsschmuck der Brisinge hing um ihren Hals, matt und angelaufen und glanzlos.

Odin, Vater der Götter, hielt sich mit knotigen, arthritischen, von blauen Adern durchzogenen Fingern an seinem Stab fest. Seine Stimme, die stets volltönend und gebieterisch gewesen war, klang nun brüchig und heiser. »Schlag ihn nicht, Thor.«

»Seht ihr? Ich wusste, dass du irgendwann Vernunft annehmen würdest, Allvater«, sagte Loki. »Ich habe nichts damit zu tun! Warum hätte Idun mit mir fortgehen sollen? Sie mochte mich ja nicht mal!«

»Schlag ihn nicht«, wiederholte Odin und stierte Loki mit seinem Auge an, das milchig grau geworden war. »Ich will, dass er heil und unversehrt ist, wenn er gefoltert wird. Man schürt schon das Feuer und schärft die Klingen und sammelt die Steine. Wir mögen alt geworden sein, aber foltern und töten können wir noch ebenso gut wie zu unserer besten Zeit, als wir noch Iduns Äpfel hatten, die uns jung hielten.«

Der Geruch von glühender Kohle stieg in Lokis Nase.

»Wenn …«, sagte er. »Wenn ich herausfinde, was Idun zugestoßen ist, und ich es irgendwie schaffe, sie und ihre Äpfel sicher nach Asgard zurückzubringen, können wir dann die ganze Sache mit dem Foltern und Umbringen vergessen?«

»Es ist deine einzige Chance, am Leben zu bleiben«, sagte Odin mit einer Stimme, so brüchig, dass Loki nicht hätte sagen können, ob es die Stimme eines alten Mannes oder einer alten Frau war. »Hol Idun zurück nach Asgard. Und die Äpfel der Unsterblichkeit.«

Loki nickte. »Nehmt mir diese Ketten ab. Ich werde es schaffen. Allerdings benötige ich Freyjas Falkenumhang.«

»Meinen Umhang?«, sagte Freyja.

»Ich fürchte, ja.«

Steif stakste Freyja davon und kehrte mit einem Umhang zurück, der mit Falkenfedern bedeckt war. Loki wurden die Ketten abgenommen, und er griff nach dem Umhang.

»Bilde dir nur nicht ein, dass du einfach davonfliegen und nie zurückkehren kannst.« Thor strich sich vielsagend über seinen weißen Bart. »Ich mag alt geworden sein, aber wenn du nicht zurückkehrst, werde ich dich aufspüren, ganz gleich, was für ein Greis ich sein mag. Wo du dich auch versteckst – ich und mein Hammer werden dein Tod sein. Denn ich bin immer noch Thor! Und ich bin immer noch stark!«

»Vor allem bist du immer noch äußerst lästig«, sagte Loki. »Spar dir deinen Atem. Und deine Kraft kannst du dazu nutzen, hinter den Mauern von Asgard einen Haufen aus Sägespänen aufzuschichten. Du wirst viele Bäume fällen und sie zu dünnen Spänen zerkleinern müssen. Ich brauche einen hohen Haufen entlang der gesamten Mauer, am besten beginnst du also sofort.«

Dann schlang sich Loki den Umhang um, nahm Falkengestalt an, schlug mit den Flügeln und stieg zum Himmel auf, schneller als ein Adler. Er flog nach Norden, ins Land der Reifriesen.

IV

Loki flog in Falkengestalt, ohne innezuhalten, bis er tief im Land der Reifriesen die Festung des Riesen Thjazi erreichte. Hoch oben auf dem Dach ließ er sich nieder und beobachtete, was unten vor sich ging.

Thjazi kam in Riesengestalt aus seiner Festung und stapfte über den Kies zu einem Ruderboot, das größer war als der größte Wal. Das Boot zerrte er hinunter zum Strand. Dort ließ er es ins kalte Wasser des Nordmeeres und ruderte mit ausladenden Schlägen hinaus. Bald schon war er nicht mehr zu sehen.

Darauf flog Loki als Falke über die Festungsanlage und spähte in jedes Fenster. Im entlegensten Raum sah er hinter einem vergitterten Fenster Idun sitzen und weinen. Er ließ sich auf dem Sims nieder.

»Hör auf zu weinen!«, sagte er. »Ich bin es, Loki, ich bin gekommen, um dich zu retten!«

Idun funkelte ihn mit roten Augen an. »Du bist der Grund für mein Elend!«

»Nun, vielleicht. Aber das ist so lange her. Das war der alte Loki. Der neue Loki ist hier, um dich zu retten und nach Hause zu bringen.«

»Wie?«, fragte sie.

»Hast du die Äpfel bei dir?«

»Ich bin eine Göttin der Asen. Wo ich bin, sind auch die Äpfel.« Sie zeigte ihm die Schatulle mit den Früchten.

»Das macht die Dinge leicht«, sagte Loki. »Schließ die Augen.«

Sie schloss ihre Augen, und er verwandelte sie in eine Haselnuss, mit grünem Stiel und Blatt. Loki schloss seine Krallen um die Nuss, hüpfte zwischen den Gittern am Fenster hindurch und machte sich auf den Heimflug.

Thjazi hatte an diesem Tag kein Glück beim Fischen. Nichts wollte anbeißen. Er entschied, die Zeit besser zu nutzen, nach Hause zurückzukehren und Idun den Hof zu machen. Er würde sie reizen, indem er ihr ausmalte, wie all die Götter ohne ihre Äpfel schwach und hinfällig waren – sabbernde, gelähmte, zitternde Giganten, schwach im Geist und körperlich hinfällig. Er ruderte nach Hause und eilte im Laufschritt zu Iduns Kammer.

Sie war leer.

Thjazi entdeckte eine Falkenfeder auf dem Boden, und sofort wusste er, wo Idun war und wer sie geholt hatte.

In der Gestalt des Adlers, größer und mächtiger als je zuvor, schwang er sich in die Lüfte. Heftig schlug er mit den Flügeln und flog schneller und immer schneller auf Asgard zu.

Die Welt bewegte sich unter ihm. Der Wind wehte ihm entgegen. Er flog noch schneller, so schnell, dass die Luft um ihn herumdonnerte.

So ließ er das Land der Riesen hinter sich und erreichte das Land der Götter. Als er vor sich einen Falken erblickte, stieß Thjazi einen wütenden Schrei aus und erhöhte seine Geschwindigkeit.

Die Götter von Asgard hörten seinen Schrei und das Donnern seiner Flügel. Sie stiegen auf die hohe Mauer, um zu sehen, was vor sich ging. Sie erblickten einen kleinen Falken, der sich ihnen näherte, und den riesigen Adler dicht hinter ihm. Der Falke war schon so nahe …

»Jetzt?«, fragte Thor.

»Jetzt«, sagte Freyja.

Thor setzte die Sägespäne in Brand. Es verstrich ein Augenblick – gerade lang genug, damit der Falke über sie hinwegfliegen und sich im Schloss niederlassen konnte –, und dann gingen sie mit einem lauten Zischen in Flammen auf. Es war wie ein Ausbruch, eine Gischt aus Feuer, weit höher als die Mauer um Asgard, beängstigend und unfassbar heiß.

Thjazi in seiner Adlergestalt konnte seine Schnelligkeit nicht bremsen, seinen Flug nicht verlangsamen, seine Richtung nicht mehr ändern. Die Federn des Riesen fingen Feuer, die Flügelspitzen loderten auf, und so stürzte er als federloser Adler vom Himmel und schlug auf dem Boden auf, was die gesamte Feste der Götter erschütterte.

Verbrannt, benommen, verblüfft hatte der nackte Adler nicht einmal den alt gewordenen Göttern etwas entgegenzusetzen. Bevor er sich in seine Riesengestalt zurückverwandeln konnte, war er bereits verwundet, und als er vom Vogel zum Riesen wurde, trennte ein Schlag von Thors Hammer Thjazi von seinem Leben.

V

Idun war froh, wieder mit ihrem Gatten vereint zu sein. Die Götter aßen von den Äpfeln der Unsterblichkeit und erhielten ihre Jugend zurück. Loki hoffte, dass die Angelegenheit damit erledigt war.

Sie war es nicht. Thjazis Tochter Skadi legte ihre Rüstung an, griff zu ihren Waffen und reiste nach Asgard, um ihren Vater zu rächen.

»Mein Vater hat mir alles bedeutet«, sagte sie. »Ihr habt ihn getötet. Sein Tod füllt mein Leben mit Tränen und Kummer. Ich habe keine Freude mehr. Ich bin hier, um Rache zu üben oder Entschädigung zu erhalten.«

Die Asen und Skadi verhandelten erbittert um die Entschädigung. In jenen Tagen hatte jedes Leben einen Preis, und Thjazis Leben wurde hoch bemessen. Am Ende der Verhandlungen hatten sich die Götter mit Skadi darauf geeinigt, dass sie auf drei Arten für den Tod ihres Vaters entschädigt werden sollte.

Zuerst würde man ihr einen Ehemann verschaffen, der als Familienoberhaupt an die Stelle ihres toten Vaters treten würde. (Es ließ sich nicht übersehen, dass Skadi ein Auge auf Balder geworfen hatte, den schönsten aller Götter. Immer wieder zwinkerte sie ihm zu und starrte in seine Richtung, bis Balder errötete und peinlich berührt wegschaute.)

Zum Zweiten würden die Götter sie wieder zum Lachen bringen, denn seit ihr Vater getötet worden war, hatte sie kein einziges Mal gelächelt oder gelacht.

Und schließlich würden die Götter dafür sorgen, dass ihr Vater niemals vergessen würde.

Die Götter ließen Skadi einen Ehemann aus ihren Reihen wählen, aber sie stellten eine Bedingung: Sie durfte ihren Ehemann nicht nach seinem Gesicht auswählen. Die männlichen Götter würden sich hinter einem Vorhang aufstellen, und nur ihre Füße würden zu sehen sein. Skadi würde ihren Ehemann anhand seiner Füße wählen müssen.

Einer nach dem anderen begaben sich die Götter hinter den Vorhang, und Skadi musterte ihre Füße. »Hässliche Füße«, sagte sie bei jedem neuen Paar.

Dann aber hielt sie inne und rief voller Freude: »Dies sind die Füße meines zukünftigen Mannes!

Dies sind die allerschönsten Füße! Es müssen Balders Füße sein – nichts an Balder könnte hässlich sein.«

Tatsächlich war Balder wunderschön, doch als der Vorhang gehoben wurde, entdeckte Skadi, dass die auserwählten Füße Njörd gehörten, dem Gott der Streitwagen, dem Vater von Frey und Freyja.

Sie heiratete ihn noch an Ort und Stelle. Auf dem Hochzeitsfest jedoch war ihr Gesicht das traurigste, das die Asen jemals erblickt hatten.

Thor stieß Loki an. »Mach schon. Bring sie zum Lachen. Schließlich ist das alles nur deine Schuld.«

Loki seufzte. »Ach ja?«

Thor nickte, und tippte bedeutungsvoll gegen den Griff seines Hammers.

Loki schüttelte den Kopf. Dann ging er hinaus zu den Ställen, in denen die Tiere gehalten wurden, und kehrte zum Hochzeitsfest mit einem großen, überaus gereizten Ziegenbock zurück, den er hinter sich herzog. Loki hatte den Ziegenbock noch mehr verärgert, indem er ihm ein starkes Seil eng um seinen Bart gebunden hatte.

Das andere Ende des Seils knotete er sich um seine Weichteile.

Er zog mit der Hand an dem Seil. Der Bock schrie, da schmerzhaft an seinem Bart gezogen wurde, und sprang zurück. Das Seil riss an Lokis Weichteilen. Nun schrie Loki und schnappte erneut nach dem Seil, riss es zurück.

Die Götter lachten. Es brauchte nicht viel, um die Götter zum Lachen zu bringen, aber dies war das Beste, was sie seit Langem gesehen hatten. Sie wetteten, was wohl als Erstes abreißen würde: der Bart des Ziegenbocks oder Lokis Gemächt. Sie spotteten über Lokis Schreie. »Wie ein Fuchs, der in der Nacht jault!«, rief Balder und unterdrückte sein Gelächter. »Loki klingt wie ein heulendes Kleinkind!« Balders Bruder kicherte. Höd war zwar blind, lachte aber jedes Mal auf, wenn Loki kreischte.

Skadi lachte nicht, auch wenn die Ahnung eines Lächelns um ihre Mundwinkel spukte. Jedes Mal, wenn der Bock schrie oder Loki wie ein Kind in Schmerzen jammerte, wurde ihr Lächeln ein wenig breiter.

Loki zog. Der Bock zog. Loki schrie und riss an dem Seil. Der Bock jaulte und zog nur noch stärker in die andere Richtung.

Das Seil riss.

Loki flog durch die Luft, die Hände in den Schritt gepresst, und landete, ein jammervolles Häuflein Elend, in Skadis Schoß.

Skadis Lachen brach laut hervor wie eine Lawine im Bergland. Sie lachte so laut wie ein kalbender Gletscher. Sie lachte so lang und heftig, dass Tränen in ihren Augen glitzerten. Und während sie lachte, griff sie zum ersten Mal nach der Hand ihres neuen Ehemanns Njörd und drückte sie.

Loki kletterte von ihrem Schoß und humpelte davon, beide Hände zwischen seine Beine gedrückt, und schaute gekränkt zu allen Göttern und Göttinnen hinüber, die nur umso lauter lachten.

»Dann wäre dies also erledigt«, sagte Odin, der Allvater, zu Skadi, der Tochter des Riesen, als das Hochzeitsfest zu Ende ging. »Oder beinahe.«

Er bat Skadi, ihm hinaus in die Nacht zu folgen, und so verließen die beiden, zusammen mit Skadis neuem Ehemann, die Halle. Neben dem Scheiterhaufen, den die Götter errichtet hatten, um die Überreste des Riesen feierlich zu verbrennen, standen zwei riesige Kugeln, gefüllt mit Licht.

»Diese Kugeln«, sagte Odin zu Skadi, »waren die Augen deines Vaters.«

Der Allvater nahm die beiden Augen und warf sie hinauf in den Nachthimmel, wo sie loderten und glitzerten, Seite an Seite.

Schaut hinauf in die Nacht, wenn Wintersonnenwende ist. Dort könnt ihr die Zwillingssterne sehen, einer blitzt neben dem anderen. Diese beiden Sterne sind Thjazis Augen. Sie leuchten noch immer.

DIE GESCHICHTE VON GERD UND FREY

I

Frey, Freyjas Bruder, war der mächtigste aller Vanen. Er war gut aussehend und vornehm, ein großer Krieger und ein großer Liebhaber, aber etwas fehlte ihm in seinem Leben, und er wusste nicht, was.

Die Sterblichen aus Midgard verehrten Frey, hieß es doch, dass er die Jahreszeiten schuf. Frey machte die Felder fruchtbar und ließ Leben sprießen aus totem Boden. Die Leute beteten Frey an, und sie liebten ihn, aber das füllte nicht die Leere in seiner Brust.

Also machte Frey eine Aufstellung seiner Besitztümer:

Er hatte ein Schwert so mächtig und außergewöhnlich, dass es ganz allein zu kämpfen vermochte. Aber es machte Frey nicht glücklich.

Er hatte Gullinborsti, den Eber mit den goldenen Borsten, erschaffen von dem Zwerg Brokk und seinem Bruder Sindri. Gullinborsti zog Freys Streitwagen. Der Eber konnte durch die Luft fliegen und über das Wasser, schneller rennen als jedes Pferd und auch in finsterster Nacht, denn seine goldenen Borsten leuchteten strahlend hell. Aber Gullinborsti machte Frey nicht glücklich.

Er hatte Skidbladnir, ein Schiff, das ihm drei Zwerge gebaut hatten, die als Söhne des Ivaldi bekannt waren. Es war nicht das größte aller Schiffe (das war Naglfar, das Totenschiff, das aus den Fingernägeln der Toten bestand), aber an Bord war Platz für alle Asen. Wenn Skidbladnirs Segel gesetzt wurden, standen die Winde immer günstig, und es trug einen an jeden beliebigen Ort. Und obwohl es das zweitgrößte aller Schiffe war und allen Asen Platz bot, konnte Frey Skidbladnir zusammenfalten wie ein Stück Tuch und es in seinem Beutel verstauen. Also war es das beste aller Schiffe. Aber Skidbladnir machte ihn nicht glücklich.

Er hatte die schönste Heimstatt, die es in ganz Asgard gab. Es war Alfheim, der Wohnort der Lichtalben, wo er stets willkommen war und als Herrscher anerkannt wurde. Es gab keinen Ort, der Alfheim gleichkam, und doch machte er ihn nicht glücklich.

Freys Diener, Skirnir, war einer der Lichtalben. Er war der beste Diener, gab weisen Rat und hatte ein schönes Antlitz.

Frey befahl Skirnir, Gullinborsti vor den Wagen zu spannen, und dann machten sie sich gemeinsam auf den Weg nach Asgard.

Dort angekommen begaben sie sich nach Walhall, der großen Halle der Gefallenen. In Odins Walhall leben die Einherjer, *die, die allein kämpfen*, also alle Männer, die seit Anbeginn der Zeit ehrenhaft in der Schlacht ums Leben gekommen sind. Vom Schlachtfeld werden ihre Seelen von den Walküren geholt, den Kriegerinnen, die in Odins Auftrag die Seelen der ehrenhaften Gefallenen ihrer letzten Belohnung zuführen.

»Es muss viele davon geben«, sagte Skirnir, der noch nie dort gewesen war.

»In der Tat«, erwiderte Frey. »Aber es werden noch viele kommen. Und noch mehr werden benötigt, wenn wir dereinst gegen den Wolf in den Kampf ziehen.«

Als sie sich den Feldern rund um Walhall näherten, drang der Lärm einer Schlacht an ihr Ohr: Sie hörten, wie Metall gegen Metall schlug und in Fleisch eindrang.

Sie sahen mächtige Krieger aus unterschiedlichen Zeiten und Orten, einander ebenbürtig im Kampf, gekleidet in Rüstungen, und jeder kämpfte mit all seiner Kraft. Bald schon lag die Hälfte der Männer tot im Gras.

»Genug«, rief eine Stimme. »Für heute ist die Schlacht vorüber!«

Daraufhin halfen diejenigen, die noch aufrecht standen, den Toten wieder auf die Füße. Frey und Skirnir sahen zu, wie ihre Wunden verheilten und sie wieder auf ihre Pferde stiegen. Alle Soldaten, die an diesem Tag gekämpft hatten, ganz gleich, ob sie siegreich gewesen waren oder nicht, ritten heim nach Walhall, zur Heimstatt der ehrenhaft Gefallenen.

Walhall war eine gewaltige Halle. Sie hatte fünfhundertvierzig Türen, und durch jede Tür konnten achthundert Krieger gleichzeitig eintreten. Hier saßen mehr Menschen, als vorstellbar war.

In der Halle brachen die Krieger in Jubel aus, da das Festgelage seinen Anfang nahm. Sie aßen gesottenen Eber, den sie aus einem riesigen Kessel schöpften. Es war das Fleisch des Ebers Sährimnir: Jeden Abend verspeisten sie ihn aufs Neue, und jeden Morgen war das riesige Ungetüm wieder lebendig, bereit, im Tagesverlauf geschlachtet zu werden und sein Leben und sein Fleisch für die ehrenhaft Gefallenen zu geben. Ganz gleich, wie viele von ihnen hier waren, es würde immer genug Fleisch für sie geben.

Nun brachte man ihnen Met zu trinken.

»So viel Met für so viele Krieger«, sagte Skirnir. »Woher kommt er?«

»Er kommt von der Ziege, die man Heidrun nennt«, erklärte ihm Frey. »Sie steht auf dem Dach von Walhall und frisst die Blätter des Baumes Lärad; so nennen wir einen Ast des Weltenbaumes Yggdrasill. Aus ihrem Euter fließt der feinste Met. Es wird immer genug geben für jeden Krieger.«

Sie gingen zur hohen Tafel, an der Odin saß. Vor ihm stand eine Schale mit Met, aber er trank nicht davon. Dann und wann stieß er sein Messer in ein Stück Fleisch und warf es zu Boden, wo seine Wölfe, Geri und Freki, es verschlangen.

Zwei Raben saßen auf Odins Schulter, und auch ihnen gab er kleine Stückchen Fleisch, während sie ihm flüsternd von Dingen berichteten, die weit entfernt geschahen.

»Er isst ja gar nichts«, wisperte Skirnir.

»Das muss er nicht«, sagte Frey. »Er trinkt. Er braucht nur Wein, sonst nichts. Komm. Hier sind wir fertig.«

»Warum waren wir hier?«, fragte Skirnir, als sie durch eine der fünfhundertvierzig Türen Walhall verließen.

»Weil ich sichergehen wollte, dass Odin hier bei seinen Kriegern ist und nicht in seiner eigenen Halle auf Hlidskjalf sitzt, seinem Beobachtungsposten.«

Sie betraten Odins Halle.

»Warte hier«, sagte Frey.

Frey ging allein durch Odins Halle und stieg hinauf zu Hlidskjalf, dem Thron, von dem aus Odin alles sehen konnte, was in den neun Welten geschah.

Frey spähte hinaus in die Welten. Er schaute gen Süden, gen Osten und gen Westen, doch er sah nicht, was er suchte.

Und dann schaute er gen Norden und erblickte, was in seinem Leben fehlte.

Skirnir wartete an der Tür, als sein Herr aus der Halle zurückkehrte. Auf Freys Gesicht lag ein Ausdruck, den Skirnir noch nie gesehen hatte; und Skirnir fürchtete sich.

Sie verließen den Ort ohne ein Wort.

II

Frey steuerte den von Gullinborsti gezogenen Streitwagen zurück in die Halle seines Vaters. Frey sprach mit niemandem, als sie dort ankamen, weder mit seinem Vater Njörd, der Herr über alle Seefahrer ist, noch mit seiner Stiefmutter Skadi, der Herrin der Berge. Er begab sich auf sein Zimmer mit einer Miene so finster wie die Mitternacht, und dort blieb er.

Am dritten Tag ließ Njörd Skirnir zu sich kommen.

»Frey ist seit drei Tagen und drei Nächten bei uns«, sagte Njörd. »Er hat nichts gegessen und nichts getrunken.«

»Das ist wahr«, sagte Skirnir.

»Was haben wir getan, um ihn zu verärgern?«, fragte Njörd. »Mein Sohn, der immer so liebenswürdig war und so voller freundlicher, weiser Worte, sagt nun nichts mehr, schaut uns nur voller Zorn an. Was haben wir getan, um ihn derartig zu verstimmen?«

»Ich weiß es nicht«, sagte Skirnir.

»Dann«, sagte Njörd, »musst du zu ihm gehen und ihn fragen, was sich zugetragen hat. Frag ihn, warum er so wütend ist, dass er nicht mit uns sprechen mag.«

»Das möchte ich lieber nicht«, sagte Skirnir, »aber ich darf mich dir nicht widersetzen, Herr. Er ist in solch seltsamer, finsterer Stimmung, und ich habe Angst davor, was er mit mir anstellt, wenn ich ihn frage.«

»Frag ihn«, sagte Njörd. »Und tu, was du für ihn tun kannst. Er ist dein Gebieter.«

Skirnir von den Lichtalben begab sich an den Ort, wo Frey stand und aufs Meer hinausschaute. Freys Gesicht war umwölkt und kummervoll, und Skirnir wagte kaum, sich ihm zu nähern.

»Frey?«, fragte Skirnir.

Frey sagte nichts.

»Frey? Was ist geschehen? Du bist zornig. Oder du bist bedrückt. Etwas muss passiert sein. Bitte sag mir, was mit dir geschehen ist.«

»Ich werde bestraft.« Freys Stimme klang hohl und abweisend. »Ich bin zum heiligen Thron des Allvaters gegangen, und ich habe mir die Welt angesehen. Zur Strafe für meine Anmaßung – dass ich glaubte, ich hätte das Recht, den Beobachtungsposten einzunehmen – ist mir mein Glück für alle Zeit genommen worden. Ich habe für mein Verbrechen gezahlt, und ich zahle noch immer.«

»Mein Herr«, sagte Skirnir, »was hast du gesehen?«

Frey antwortete nicht, und Skirnir glaubte, er sei wieder in sein kummervolles Schweigen verfallen. Aber nach einer Weile sagte Frey: »Ich habe nach Norden geblickt. Ich habe eine Wohnstatt dort gesehen, ein wunderbares Haus. Und ich habe eine Frau gesehen, die zu diesem Haus ging. Noch nie zuvor habe ich eine Frau wie sie gesehen. Niemanden, der aussieht wie sie. Niemanden, der sich bewegt wie sie. Und sie hat ihre Arme gehoben, um die Tür zu ihrem Haus aufzuschließen, und das Licht wurde von ihren Armen zurückgeworfen, und es schien die ganze Luft zu beleuchten und die See zu erhellen. Und weil sie in ihr wandelt, schien die ganze Welt ein hellerer und schönerer

Ort zu sein. Und dann schaute ich weg und sah sie nicht mehr, und meine Welt wurde finster und hoffnungslos und leer.«

»Wer ist sie?«

»Eine Riesin. Ihr Vater ist Gymir der Erdriese, ihre Mutter eine Bergriesin, Aurboda.«

»Und hat dieses wunderschöne Wesen einen Namen?«

»Sie heißt Gerd.« Frey verstummte aufs Neue.

Skirnir sagte: »Dein Vater macht sich Sorgen um dich. Wir sind alle besorgt. Gibt es etwas, das ich tun kann?«

»Wenn du zu ihr gehen und sie um ihre Hand für mich bitten würdest, gäbe ich alles dafür. Ich kann ohne sie nicht leben. Bring sie zu mir, als meine Frau, ganz gleich, was ihr Vater sagt. Ich will dich gut bezahlen.«

»Du verlangst viel, Herr«, sagte Skirnir.

»Ich gebe dir alles«, sagte Frey inbrünstig und zitterte am ganzen Leib.

Skirnir nickte. »Ich werde es tun, Herr.« Er zögerte. »Frey, darf ich einen Blick auf dein Schwert werfen?«

Frey zog sein Schwert hervor und hielt es Skirnir entgegen, damit er es begutachten konnte. »Es gibt kein anderes Schwert wie dieses. Es kämpft von selbst, ohne dass eine Hand es halten muss. Es wird dich stets schützen. Kein anderes Schwert, ganz gleich wie machtvoll, kann es überwältigen. Man sagt, dieses Schwert könne sogar gegen das flammende Schwert von Surt dem Feuerriesen bestehen.«

Skirnir zuckte mit den Schultern. »Es ist ein feines Schwert. Wenn du willst, dass ich dir Gerd bringe, soll dieses Schwert mein Lohn sein.«

Frey gab Skirnir seine Zustimmung, sein Schwert und ein Pferd für den Weg.

Skirnir ritt nach Norden, bis er das Haus von Gymir erreichte. Als Gast trat er ein und erklärte, wer er sei und wer ihn geschickt habe. Er erzählte der wunderschönen Gerd von Frey, seinem Herrn. »Er ist der vortrefflichste unter allen Göttern. Er hat die Herrschaft über den Regen und den Sonnenschein, und er schenkt den Bewohnern Midgards gute Ernten und friedliche Tage und Nächte. Er wacht über das Wohlergehen und den Wohlstand der Menschen. Dafür lieben und verehren sie ihn.«

Er berichtete Gerd von Freys Schönheit und von seiner Macht. Er erzählte ihr von Freys Weisheit. Und schließlich erzählte er ihr von der Liebe, die Frey für sie empfand, wie ihm ihr Anblick ins Herz gefahren war und dass er nun nicht mehr essen und schlafen, trinken und sprechen konnte, wenn sie sich nicht einverstanden erklärte, seine Braut zu werden.

Gerd lächelte, und ihre Augen leuchteten vor Freude. »Sag ihm zu. Auf der Insel Barri will ich ihn treffen zur Vermählung, in neun Tagen von heute an. Geh und sag es ihm.«

Skirnir kehrte zu Njörds Halle zurück.

Bevor er auch nur von seinem Pferd absteigen konnte, war Frey schon zur Stelle, noch bleicher und magerer als am Tag von Skirnirs Aufbruch. »Wie steht es?«, fragte er. »Soll ich jubeln oder soll ich verzweifeln?«

»Sie wird dich zum Gatten nehmen, in neun Tagen von heute an, auf der Insel Barri«, sagte Skirnir.

Frey schaute seinen Diener ohne Freude an. »Die Nächte ohne sie dauern ewig. Eine Nacht ist so lang. Zwei Nächte sind noch länger. Wie soll ich drei Nächte aushalten? Vier Nächte fühlen sich für mich an wie ein Monat, und du erwartest von mir, dass ich neun Tage warte?«

Und Skirnir betrachtete seinen Herrn voller Mitleid.

Neun Tage später trafen sich Frey und Gerd auf der Insel Barri zum ersten Mal, und sie heirateten in einem wogenden Gerstenfeld. Sie war so schön, wie er es sich erträumt hatte, und ihre Berührung war so zart, ihr Kuss so süß, wie er gehofft hatte. Ihre Hochzeit war gesegnet, und manche sagen, dass ihr Sohn Fjölnir später der erste König von Schweden wurde. (Er ertrank eines Nachts in einem Fass voll Met, da er in der Dunkelheit nach einem Ort zum Wasserlassen suchte.)

Skirnir nahm das Schwert, das ihm gegeben worden war, Freys Schwert, das von selbst zu kämpfen wusste, und kehrte damit nach Alfheim zurück.

Die wunderschöne Gerd füllte die Leere in Freys Leben und die Lücke in seinem Herzen. Frey vermisste sein Schwert nicht und ersetzte es auch nicht. Als er gegen den Riesen Beli kämpfte, tötete er ihn mit dem Geweih eines Hirschen. Frey war so stark, dass er einen Riesen mit bloßen Händen töten konnte.

Trotzdem hätte er sein Schwert nicht fortgeben sollen.

Die Ragnarök nahen. Wenn der Himmel auseinanderreißt und die dunklen Mächte von Muspell sich auf ihren Kriegszug begeben, wird Frey sich wünschen, er hätte noch sein Schwert.

DER FISCHZUG VON HYMIR UND THOR

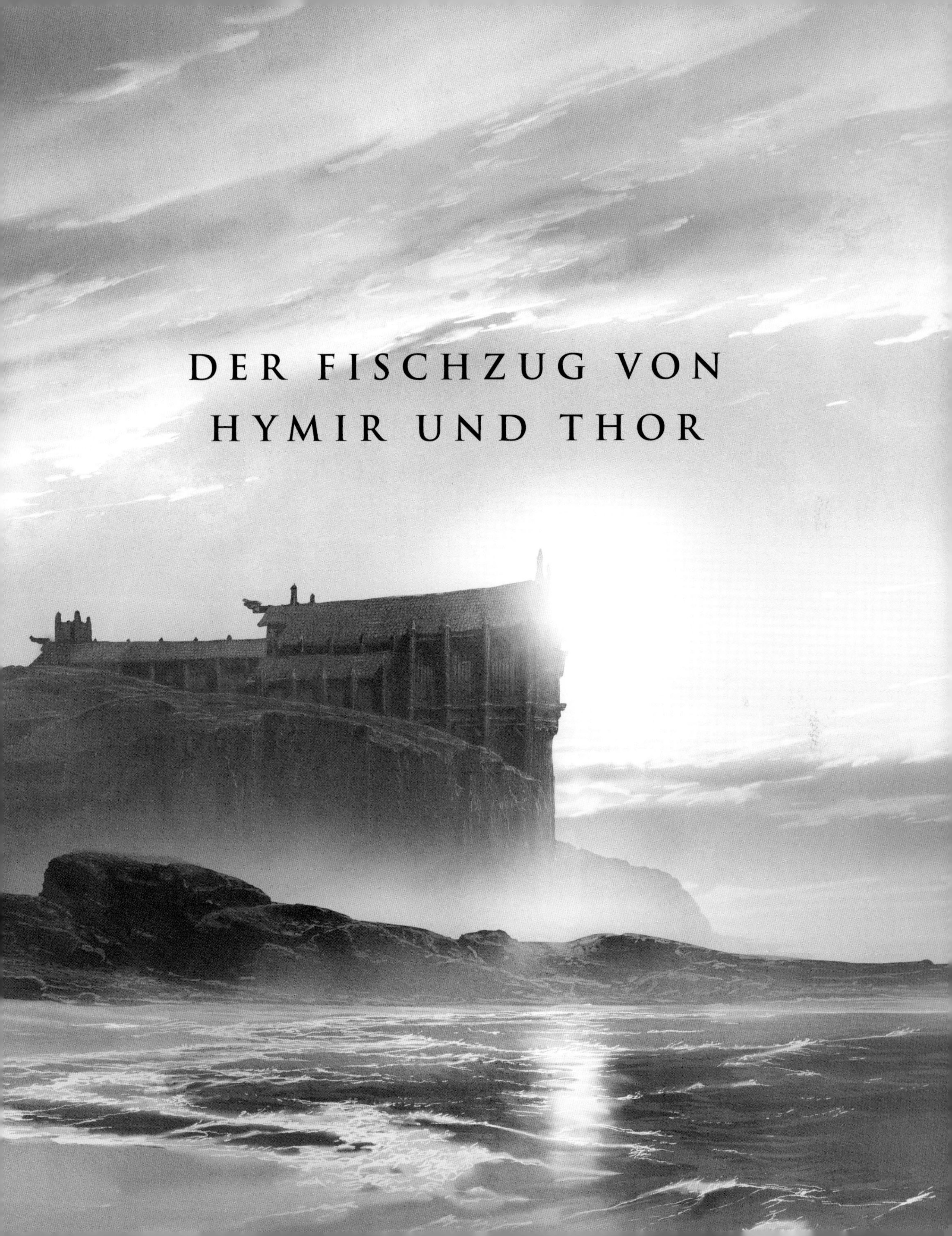

Die Götter erreichten Ägirs große Halle am Rande des Meeres. »Wir sind da«, rief Thor, der die Gesellschaft anführte. »Richte uns ein Gelage aus!«

Ägir war der größte aller Meeresriesen. Seine Frau war Ran, in deren Netz diejenigen gehen, die im Meer ertrinken, und seine neun Töchter waren die Wellen der See.

Ägir war nicht erpicht darauf, die Götter durchzufüttern, aber er wollte auch nicht mit ihnen streiten. Er schaute Thor in die Augen und sagte: »Ich werde ein Bankett ausrichten, und es wird das beste Festmahl sein, an dem ihr jemals teilgenommen habt. Mein Diener Fimafeng wird jeden von euch aufmerksam bedienen, euch so viele Speisen bringen, wie eure Bäuche halten, und so viel Bier, wie ihr trinken könnt. Ich habe nur eine Bedingung: Ich werde das Gelage ausrichten, aber ihr müsst mir zuvor einen Kessel bringen, der groß genug ist, um für euch alle Bier zu brauen. Ihr seid so viele, und euer Appetit ist immens.«

Ägir wusste nur zu gut, dass die Götter keinen solchen Kessel besaßen. Und ohne Kessel musste er kein Festmahl abhalten.

Thor fragte die anderen Götter um Rat, aber jeder Gott, den er fragte, war der Ansicht, dass es solch einen Kessel nicht gebe. Schließlich fragte er Tyr, den Gott der Schlacht und des Krieges.

Tyr kratzte sich mit der linken Hand am Kinn. Es war ihm ja nur diese geblieben. »Am Rande des Weltenmeeres lebt der Riesenkönig Hymir. Er besitzt einen Kessel, der drei Meilen tief ist. Es ist der größte Kessel, den es je gegeben hat.«

»Bist du dir da sicher?«, fragte Thor.

Tyr nickte. »Hymir ist mein Stiefvater; er ist mit meiner Mutter verheiratet. Sie ist eine Riesin. Ich habe den großen Kessel mit eigenen Augen gesehen. Und als Sohn meiner Mutter werde ich willkommen sein in Hymirs Halle.«

Tyr und Thor stiegen in Thors Streitwagen, der von den Böcken Grinser und Knirscher gezogen wurde, und rasch fuhren sie zu Hymirs riesiger Festung. Thor band die Böcke an einen Baum, bevor er und Tyr sich ins Innere begaben.

In der Küche war eine Riesin damit beschäftigt, Zwiebeln zu schneiden, die so groß waren wie Felsbrocken, und Kohlköpfe groß wie Boote. Ob er wollte oder nicht, Thor musste sie anstarren: Die alte Frau hatte neunhundert Köpfe, jeder davon hässlicher und furchteinflößender als der andere. Er trat einen Schritt zurück. Falls Tyr ebenfalls beunruhigt war, ließ er es sich nicht anmerken.

Tyr rief: »Sei gegrüßt, Großmutter. Wir sind gekommen, weil wir uns gern Hymirs Kessel ausleihen würden, um unser Bier darin zu brauen.«

»Solch winzige Geschöpfe! Ich dachte, ihr wärt Mäuse«, sagte Hymirs Großmutter, und es klang, als würde eine ganze Menschenmenge brüllen. »Du bist bei mir falsch, Enkelsohn. Mit deiner Mutter solltest du sprechen.« Dann rief sie: »Wir haben Gäste! Dein Sohn ist da, mit einem Freund.«

Augenblicke später kam eine weitere Riesin herein. Es war Hymirs Frau, Tyrs Mutter. Sie war in ein goldenes Gewand gehüllt, und sie war so schön, wie ihre Schwiegermutter abstoßend war. Sie brachte zwei Riesenfingerhüte mit, gefüllt mit Bier. Thor und Tyr nahmen die Gefäße entgegen, die für sie so groß waren wie Eimer, und tranken genüsslich das Bier.

Es war hervorragend.

Die Riesin fragte Thor nach seinem Namen. Er wollte ihn gerade nennen, doch Tyr kam ihm zuvor: »Sein Name lautet Veor, Mutter. Er ist mein Freund. Und ein Feind aller Feinde Hymirs und der Riesen.«

Sie hörten ein entferntes Poltern, wie Donner an Gipfeln oder einstürzende Berge oder riesige Wellen, die krachend am Strand aufschlagen, und bei jedem Poltern bebte die Erde.

»Mein Gatte kommt heim«, sagte die Riesin. »Ich höre seine zarten Schritte in der Ferne.«

Das Dröhnen wurde lauter und schien eilig näher zu kommen.

»Mein Gatte hat oft schlechte Laune, wenn er nach Hause kommt, dann ist er wütend und kann jähzornig sein. Er behandelt seine Gäste schlecht«, warnte die Riesin. »Warum kriecht ihr nicht unter den Kessel und bleibt dort, bis seine Laune sich gebessert hat, um dann wieder hervorzukommen?«

Sie versteckte die beiden unter einem Kessel auf dem Boden der Küche. Es war dunkel dort unten.

Der Boden erzitterte, eine Tür flog knallend ins Schloss, und Thor und Tyr wussten, dass Hymir nach Hause gekommen war. Sie hörten, wie die Riesin ihrem Mann erzählte, dass sie Gäste empfangen habe, ihren Sohn und einen Freund, und dass er sich von seiner besten Seite zeigen müsse und als ein großzügiger Gastgeber und dass er sie nicht umbringen dürfe.

»Warum?« Die Stimme des Riesen war laut und unleidlich.

»Der Kleine ist unser Sohn, Tyr. Du erinnerst dich doch an ihn. Der größere von beiden heißt Veor. Sei nett zu ihm.«

»*Thor?* Thor, unser Feind? Thor, der mehr Riesen getötet hat als jeder andere – mehr als selbst andere Riesen? Thor, von dem ich geschworen habe, dass ich ihn erschlagen werde, wenn ich ihm jemals begegne? Thor, der …«

»Veor.« Seine Frau versuchte, ihn zu beschwichtigen. »Nicht Thor. *Veor.* Er ist der Freund unseres Sohnes und ein Feind deiner Feinde, du musst also nett zu ihm sein.«

»Ich bin in schlechter Stimmung und von zornigem Gemüt, und ich habe keine Lust, zu irgendjemandem nett zu sein«, sagte die dröhnende Riesenstimme. »Wo verstecken sie sich?«

»Oh, direkt hinter diesem Balken dort drüben«, sagte seine Frau.

Thor und Tyr hörten ein Krachen, als der Balken, auf den sie wohl gedeutet hatte, zerschmettert wurde. Darauf folgte weiteres Krachen, als ein Kessel nach dem anderen von der Decke gerissen und zerstört wurde.

»Bist du fertig damit, Dinge zu zerschlagen?«, fragte Tyrs Mutter.

»Ich denke schon«, erwiderte Hymir missmutig.

»Dann sieh unter dem Kessel dort nach«, sagte sie. »Der, der auf dem Boden steht und den du noch nicht zu Bruch gehauen hast.«

Der Kessel, unter dem sich Tyr und Thor verbargen, wurde angehoben, und sie schauten zu einem riesigen Gesicht auf, dessen Züge sich zu einer feindseligen Fratze verzogen hatten. Dies, das wusste Thor, war Hymir der Riesenkönig. Sein Bart war wie ein Wald aus reifbedeckten Bäumen im tiefsten Winter, seine Brauen wie ein Feld von Disteln, sein Atem so ranzig und faul wie der Schlamm im Abort.

»Sei gegrüßt, Tyr«, sagte Hymir ohne Begeisterung.

»Sei gegrüßt, Vater«, erwiderte Tyr und klang, wenn überhaupt möglich, noch lustloser.

»Ihr werdet heute Abend unsere Gäste beim Essen sein.« Hymir klatschte in die Hände.

Daraufhin öffnete sich die Tür der Halle, und ein gewaltiger Ochse wurde hereingeführt, dessen Fell glänzte, dessen Augen leuchteten und dessen Hörner spitz waren. Ihm folgte ein weiterer, der noch schöner war, und schließlich der letzte Ochse, ein noch edleres Tier als die beiden vorherigen.

»Dies sind die hervorragendsten Ochsen, die es gibt. Weitaus größer und fetter als die Tiere in Midgard oder Asgard. Ich bin«, sagte Hymir in vertrauensvollerem Ton, »wahnsinnig stolz auf meine Viehherde. Die Tiere sind meine Schätze und meine Augensterne. Ich behandele sie wie meine eigenen Kinder.« Und für einen Moment schien sich sein mürrisches Gesicht zu erweichen.

Die Großmutter mit den neunhundert Köpfen tötete die drei Ochsen, zog ihnen das Fell ab und warf sie in einen riesigen Topf. Darin kochte und blubberte es über dem Feuer, es zischte und spuckte, und sie rührte mit einem Löffel im Topf, der so groß war wie eine ausgewachsene Eiche. Dabei sang sie leise vor sich hin, mit einer Stimme, als würden tausend alte Frauen aus vollem Hals ein Lied schmettern.

Bald schon war das Essen fertig.

»Ihr seid unsere Gäste. Haltet euch also nicht zurück und nehmt so viel aus dem Topf, wie ihr schafft«, sagte Hymir mit großer Geste. Die Fremden waren schließlich klein – wie viel konnten sie schon essen? Außerdem waren die Ochsen riesig gewesen.

Thor sagte, das werde er gern tun, und schlang zwei der Ochsen ganz allein hinunter, einen nach dem anderen. Nur die sauber abgeknabberten Knochen ließ er übrig. Dann rülpste er zufrieden.

»Das war eine große Portion, Veor«, sagte Hymir. »Es sollte eigentlich mehrere Tage für uns alle reichen. Ich glaube, ich habe noch nicht einmal einen Riesen gesehen, der zwei Ochsen auf einmal gegessen hätte.«

»Ich hatte Hunger«, sagte Thor. »Und es ist wohl ein wenig mit mir durchgegangen. Was meinst du, gehen wir morgen gemeinsam fischen? Ich habe gehört, du bist ein ziemlich guter Angler.«

Hymir war sehr stolz auf seine Fähigkeiten beim Fischfang. »Ich bin ein hervorragender Angler. Wir können unser morgiges Abendessen gemeinsam fangen.«

»Ich bin ebenfalls ein guter Angler.« Thor hatte in seinem ganzen Leben noch nicht geangelt, aber wie schwer konnte das schon sein?

»Wir treffen uns morgen bei Sonnenaufgang, draußen an der Anlegestelle«, sagte Hymir.

In ihrem riesigen Schlafzimmer sagte Tyr in dieser Nacht zu Thor: »Ich hoffe, du weißt, was du tust.«

»Natürlich weiß ich das«, entgegnete Thor. Was nicht stimmte. Er tat immer nur, worauf er gerade Lust hatte. Darin war Thor am besten.

Im grauen Licht vor Tagesanbruch gesellte sich Thor an der Anlegestelle zu Hymir.

»Ich sollte dich warnen, kleiner Veor«, sagte der Riese. »Wir werden weit hinausfahren aufs eisige Wasser. Ich rudere so weit in die Kälte und bleibe so lange dort draußen, dass ein winziges Geschöpf wie du es vielleicht nicht übersteht. Dein Bart wird einfrieren und deine Haare auch, und du wirst blau anlaufen vor Kälte. Vermutlich wirst du sterben.«

»Macht mir nichts«, sagte Thor. »Ich mag die Kälte. Sie härtet ab. Was nehmen wir als Köder?«

»Ich habe bereits einen Köder«, sagte Hymir. »Du musst einen eigenen finden. Du könntest auf der Ochsenweide nach einem suchen; in ihrem Dung stecken schöne große Maden. Bring einfach mit, was dir gefällt.«

Thor schaute Hymir an. Er dachte darüber nach, Hymir mit seinem Hammer zu schlagen, aber dann würde er den Kessel nicht kampflos bekommen. Also ging er zurück über den Strand.

Auf der Weide stand Hymirs Herde prachtvoller Ochsen. Riesige Dunghaufen lagen herum, und in ihnen krümmten sich große Maden, aber Thor machte einen Bogen um sie. Stattdessen ging er zu dem größten, majestätischsten, fettesten Ochsen, hob seine Faust und schlug ihm zwischen die Augen, sodass er sofort starb.

Thor riss dem Tier den Kopf ab, steckte ihn in seinen Sack und trug ihn zurück zum Meer.

Hymir saß im Boot. Er hatte bereits abgelegt und ruderte aus der Bucht hinaus.

Thor sprang ins kalte Wasser und schwamm ihm nach, wobei er den Sack hinter sich herzog. Er klammerte sich mit tauben Fingern an den Rand des Bootes und zog sich an Bord. Er war völlig durchnässt vom Seewasser, und Eis bildete sich in seinem roten Bart.

»Ah«, sagte Thor, »wie angenehm. Nichts macht einen morgens so schön wach wie ein Runde Schwimmen.«

Hymir sagte nichts. Thor nahm das andere Paar Ruder, und dann ruderten sie gemeinsam. Bald schon war das Land verschwunden, und sie waren allein auf dem Wasser des nördlichen Meeres. Der Ozean war grau, die Wellen schlugen hoch, und der Wind und die Möwen schrien um die Wette.

Hymir hörte auf zu rudern. »Hier werden wir fischen«, sagte er.

»Hier?«, fragte Thor. »Wir sind doch kaum recht hinausgerudert aufs Meer.« Er ergriff die Ruder und begann, eigenhändig ins tiefere Gewässer hinauszurudern.

Das Boot flog geradezu über die Wellen.

»Halt!«, brüllte Hymir. »Diese Wasser sind gefährlich. Dies ist die Stelle, an der Jörmungand, die Midgardschlange, zu finden ist.«

Thor hörte auf zu rudern.

Hymir hob zwei große Fische vom Boden des Bootes. Er nahm sie mit seinem sehr scharfen Ködermesser aus, warf die Innereien in die See und spießte die Fische auf die Haken seiner Schnur.

Dann ließ Hymir die Schnur ins Wasser. Er wartete, bis sie in seiner Hand zerrte und zuckte, dann zog er sie ein. Zwei monströse Walfische hingen daran, die größten Wale, die Thor je gesehen hatte. Hymir grinste vor Stolz.

»Nicht schlecht«, sagte Thor. Dann zog er den abgeschlagenen Kopf aus seinem Sack. Als Hymir die toten Augen seines liebsten Ochsen sah, erstarrte er.

»Ich habe mir einen Köder besorgt«, sagte Thor leutselig. »Von der Ochsenweide. Wie du gesagt hast.«

Überraschung, Entsetzen und Wut wechselten sich ab auf Hymirs riesigem Gesicht, aber er sagte kein Wort.

Thor nahm Hymirs Angelschnur, rammte den Ochsenkopf auf einen Haken und schleuderte seinen Köder in den Ozean. Er spürte, wie er bis auf den Grund sank.

Dann wartete er.

»Ich nehme an«, sagte er zu Hymir, »bei der ganzen Angelei geht es nur um Geduld. Es ist ein bisschen öde, oder? Ich bin gespannt, was ich für unser Abendessen fange.«

In diesem Augenblick brach die See auf. Jörmungand, die Midgardschlange, hatte sich in den riesigen Ochsenkopf verbissen, und der Haken war tief in ihren Gaumen eingedrungen. Die Schlange bäumte sich im Wasser auf und versuchte, sich zu befreien.

Thor hielt die Schnur fest umklammert.

»Sie wird uns hinunterziehen!«, brüllte Hymir voller Entsetzen. »Lass die Leine los!«

Thor schüttelte den Kopf. Er zog an der Schnur, wild entschlossen, seinen Fang nicht aufzugeben.

Der Donnergott durchschlug mit den Füßen den Boden des Bootes und benutzte den Meeresgrund, um sich abzustützen, und schließlich fing er an, Jörmungand an Bord zu ziehen.

Die Schlange spuckte ihnen schwarzes Gift entgegen. Thor duckte sich, und das Gift verfehlte ihn. Also zog er weiter.

»Das ist die Midgardschlange, du Narr!«, schrie Hymir. »Lass die Schnur los! Wir werden beide sterben!«

Thor erwiderte nichts, zog nur die Schnur an Bord, indem er stetig eine Hand vor die andere legte, die Augen starr auf den Feind gerichtet. »Ich werde dich töten«, flüsterte er der Schlange zu, während um ihn herum die Wellen brüllten und der Wind heulte und das Ungeheuer um sich schlug und kreischte. »Oder du tötest mich. Das schwöre ich.«

Er flüsterte es, aber er hätte schwören können, dass die Midgardschlange ihn hörte. Sie stierte ihn an, und der nächste Auswurf ihres Giftes kam ihm so nahe, dass er es in der Meeresgischt schmecken konnte. Das Gift traf ihn an der Schulter und brannte entsetzlich.

Doch Thor lachte nur und zog weiter.

Er meinte, Hymir irgendwo weit weg vor sich hin keifen zu hören, wie er etwas von der monströsen Schlange brüllte und davon, dass das Wasser durch die Löcher im Boden in ihr Ruderboot eindrang und wie sie beide hier draußen sterben würden, im kalten, kalten Ozean, so weit entfernt vom festen Land. Thor war all das völlig gleich. Er kämpfte mit der Schlange, spielte mit ihr, ließ sie sich bei ihrem Zucken und Zerren ermüden.

Immer weiter zog Thor die Angelschnur ins Boot.

Der Kopf der Midgardschlange war nun beinahe so nahe, dass er zuschlagen konnte. Ohne den Blick abzuwenden, griff Thor nach seinem Hammer, und seine Finger schlossen sich um den Schaft. Er wusste genau, an welchem Punkt er treffen musste, um die Schlange zu töten. Noch ein weiterer Zug an der Angelschnur und …

Hymirs Ködermesser blitzte auf, und die Schnur zersprang. Jörmungand, die Schlange, bäumte sich auf, hoch über das Boot, und stürzte dann zurück ins Meer.

Thor schleuderte ihr seinen Hammer hinterher, aber das Ungeheuer war bereits abgetaucht und in den kalten, grauen Fluten verschwunden. Der Hammer kehrte zurück, und Thor fing ihn auf. Er lenkte seine Aufmerksamkeit auf das sinkende Ruderboot. Hymir schöpfte verzweifelt Wasser aus dem Boot.

Hymir schöpfte, und Thor ruderte sie zurück zum Strand. Die beiden Walfische, die Hymir zuvor gefangen und am Bug festgebunden hatte, machten das Rudern schwerer als es normalerweise gewesen wäre.

»Da ist der Strand«, keuchte Hymir. »Aber meine Feste ist immer noch viele Meilen entfernt.«

»Wir könnten hier an Land gehen«, sagte Thor.

»Nur wenn du bereit bist, das Boot und mich und die beiden Wale den ganzen Weg bis zu meiner Halle zu tragen«, sagte Hymir erschöpft.

»Hm. Na schön.«

Thor sprang über die Reling des Fischerbootes. Wenige Augenblicke später spürte Hymir, wie das Boot in die Luft gehoben wurde. Thor trug sie auf seinem Rücken: das Boot, die Ruder, Hymir und die Walfische – alle schleppte er über den Kies am Meeresufer.

Als sie Hymirs Halle erreicht hatten, setzte Thor das Boot auf den Boden.

»Bitte«, sagte Thor. »Ich habe dich nach Hause gebracht, wie du verlangt hast. Nun musst du mir im Gegenzug ebenfalls einen Gefallen tun.«

»Welchen Gefallen?«, fragte Hymir.

»Deinen Kessel. Den riesigen Kessel, in dem du dein Bier braust. Ich will ihn mir leihen.«

Hymir sagte: »Du bist ein mächtiger Fischer, und du verstehst es, kräftig zu rudern. Aber du bittest mich um den besten Braukessel, den es gibt. Das Bier, das auf magische Weise in ihm gebraut wird, ist das beste aller Biere. Ich werde ihn nur jemandem leihen, der den Becher zerbrechen kann, aus dem ich trinke.«

»Das klingt nicht besonders schwer«, sagte Thor.

An diesem Abend aßen sie gebratenen Wal in einer Halle voller Riesen mit mehreren Köpfen, die alle herumbrüllten und fröhlich waren und betrunken. Nachdem sie gegessen hatten, trank Hymir den letzten Schluck Bier aus seinem Becher und bat um Ruhe. Dann reichte er Thor den Becher.

»Zerbrich ihn«, sagte er. »Zerbrich diesen Becher und ich werde dir den Kessel, in dem ich mein Bier braue, als Geschenk überlassen. Gelingt es dir nicht, so wirst du sterben.«

Thor nickte.

Die Riesen hörten auf, zu scherzen und zu singen. Argwöhnisch schauten sie ihn an.

Hymirs Festung war aus Stein errichtet. Thor nahm den Trinkbecher, hob ihn mit beiden Händen hoch und schleuderte ihn mit aller Kraft gegen eine der Granitsäulen, die das Dach der Banketthalle stützten. Ein markerschütterndes Dröhnen ertönte, und sogleich war die Luft mit Staub erfüllt, der sie alle blind machte.

Als der Staub sich gelegt hatte, stand Hymir auf und ging zu den Überresten der Granitsäule. Der Becher hatte zuerst die eine Säule durchschlagen, dann eine weitere und beide in winzige Bruchstücke zerschmettert. In den Trümmern der dritten Säule lag der Kelch, etwas staubig, aber völlig unversehrt.

Hymir hob seinen Kelch über den Kopf, und die anderen Riesen jubelten und lachten, schnitten mit all ihren Köpfen Grimassen in Thors Richtung und machten jede Menge rüde Gesten.

Hymir nahm wieder an der Tafel Platz. »Siehst du?«, sagte er zu Thor. »Ich dachte mir gleich, dass du nicht stark genug sein würdest, um meinen Kelch zu zerbrechen.« Er hielt den Becher hoch, und seine Frau goss Bier hinein. Hymir ließ es sich genüsslich in die Kehle laufen. »Das beste Bier, das du jemals kosten wirst. Hier, Frau, schenk deinem Sohn und seinem Freund nach. Lass sie das beste Bier probieren, das es gibt. Sie sollen ruhig traurig sein, dass sie meinen Kessel nicht mitnehmen können und dass sie niemals wieder Bier trinken werden, das so gut ist. Außerdem wird es sie traurig machen, dass ich Veor nun töten muss, da mein Kelch nicht zerbrochen ist.«

Thor setzte sich neben Tyr an den Tisch, nahm sich ein Stück verkohltes Walfleisch und kaute missmutig darauf herum. Die Riesen waren wild und laut und achteten nicht mehr auf ihn.

Tyrs Mutter beugte sich vor, um Thors Becher mit Bier zu füllen, und sagte leise: »Weißt du, mein Mann hat ein sehr hartes Herz. Er ist störrisch und dickköpfig.«

»Das sagt man auch von mir«, erwiderte Thor.

»Nein«, sagte sie, als spreche sie mit einem kleinen Kind. »Er hat einen *sehr* dicken Kopf. Er ist hart genug, um selbst den festesten Kelch zu zerbrechen.«

Thor leerte sein Bier. Es war wirklich das beste Bier, das er je getrunken hatte. Dann stand er auf und ging zu Hymir hinüber. »Kann ich es noch einmal probieren?«

Daraufhin lachten alle Riesen in der Halle, und keiner lachte lauter als Hymir. »Natürlich kannst du das!«

Thor griff nach dem Kelch. Er wandte sich der steinernen Wand zu, hob den Kelch einmal, zweimal, dann aber drehte er sich auf dem Absatz um und schlug ihn gegen Hymirs Stirn.

Die Scherben des Kelches fielen, eine nach der anderen, in Hymirs Schoß.

Es herrschte Stille in der Halle, die dann von einem seltsamen, dröhnenden Laut durchbrochen wurde. Thor schaute sich um, suchte nach der Ursache des Geräuschs, und als er sich zurückwandte, sah er, dass Hymirs Schultern zitterten. Der Riese weinte, stieß gewaltige, dröhnende Schluchzer aus.

»Mein größter Schatz gehört nicht länger mir«, sagte Hymir. »Immer konnte ich ihn anweisen, mir Bier zu brauen, und immer tat es der Kessel auf magische Weise und braute das beste Bier. Niemals wieder werde ich sagen: ›Brau mir Bier, mein Kessel‹.«

Thor blieb stumm.

Hymir schaute Tyr an und sagte verbittert: »Wenn du ihn willst, Stiefsohn, dann nimm ihn. Er ist riesig und schwer. Es ist mehr als ein Dutzend Riesen nötig, um ihn zu heben. Glaubst du, du bist stark genug?«

Tyr ging zum Kessel hinüber. Er versuchte, ihn zu heben, auch ein zweites Mal, aber er war selbst für ihn zu schwer. Er schaute Thor an. Thor zuckte mit den Schultern, packte den Kessel am Rand und drehte ihn um. Nun stand er im Kessel, und die Griffe klapperten um seine Füße.

Dann begann der Kessel, sich zu bewegen. Mit Thor in seinem Inneren steuerte er auf die Tür zu, während ihm überall in der Halle die vielköpfigen Riesen mit offenen Mündern nachstarrten.

Hymir weinte nicht mehr, und Tyr warf ihm einen Blick zu. »Hab Dank für den Kessel.« Und mit dem sich bewegenden Kessel zwischen sich und Hymir huschte er aus dem Saal.

Thor und Tyr verließen das Schloss gemeinsam, banden Thors Böcke los und stiegen in den Streitwagen. Noch immer trug Thor den Kessel auf seinem Rücken. Die Böcke strengten sich sehr an, aber während Grinser trotz des Gewichts des Riesenkessels schnell vorwärtskam, humpelte Knirscher und kam ins Straucheln. Sein Bein war einst um des Knochenmarkes willen gebrochen worden, und Thor hatte es zwar gerichtet, aber der Bock war niemals wieder so stark geworden wie zuvor.

Knirscher blökte vor Schmerz beim Rennen.

»Können wir nicht schneller vorankommen?«, fragte Tyr.

»Wir können es versuchen«, sagte Thor und schlug die Böcke mit der Peitsche, woraufhin sie noch flinker wurden.

Tyr schaute sich um. »Sie verfolgen uns. Die Riesen sind hinter uns her.«

Sie waren tatsächlich hinter ihnen, mit Hymir in ihrem Rücken, der die anderen antrieb: Alle Riesen aus diesem Teil der Welt, ein monströser Haufen mit zahlreichen Köpfen, die Riesen der Ödlande, missgestaltet und tödlich. Ein ganzes, riesiges Heer – entschlossen, den Kessel zurückzubekommen.

»Schneller!«, sagte Tyr.

In diesem Augenblick stolperte Knirscher und stürzte, sodass sie aus dem Wagen geschleudert wurden.

Thor rappelte sich auf. Dann warf er den Kessel zu Boden und lachte.

»Worüber lachst du?«, fragte Tyr. »Es sind Hunderte von ihnen!«

Thor hob Mjöllnir, seinen Hammer. »Ich habe die Schlange nicht gefangen und getötet. *Diesmal* nicht. Aber einhundert Riesen sind fast ein guter Ersatz.«

Mit Ruhe und großer Freude tötete Thor die Riesen der Wüste, einen nach dem anderen, bis die Erde rot und schwarz gefärbt war von ihrem Blut. Tyr kämpfte mit nur einer Hand, aber er kämpfte tapfer, und auch er tötete seinen Anteil Riesen an diesem Tag.

Als sie damit fertig waren und alle Riesen tot darniederlagen, hockte sich Thor neben Knirscher, seinen verletzten Bock, und half ihm wieder auf. Der Bock humpelte, und Thor verfluchte Loki, dessen Schuld es war, dass das Tier lahmte. Hymir war nicht unter den Gefallenen, was Tyr erleichterte, da er seiner Mutter keinen weiteren Kummer bereiten wollte.

Thor trug den Kessel nach Asgard, wo die Götter sich versammelten.

Sie nahmen den Kessel mit zu Ägir. »Hier«, sagte Thor. »Ein Braukessel, der groß genug ist für uns alle.«

Der Meeresriese seufzte. »Dies ist tatsächlich, was ich verlangt habe. Na schön. Es wird in meiner Halle ein Herbstgelage geben für alle Götter.«

Er stand zu seinem Wort, und seitdem trinken die Götter jedes Jahr im Herbst, sobald die Ernte eingefahren wird, das beste Bier, das es je gegeben hat und jemals geben wird, immer im Herbst, immer in der Halle des Meeresriesen.

BALDERS TOD

I

Nichts gibt es, was nicht die Sonne liebt. Sie schenkt uns Wärme und Leben, sie bringt den bitteren Schnee und das Eis des Winters zum Schmelzen, sie lässt Pflanzen wachsen und öffnet die Blüten. Sie schenkt uns die langen Sommerabende, wenn die Dunkelheit niemals kommt. Sie erlöst uns von den harschen Tagen des Mittwinters, wenn die Dunkelheit nur für eine Handvoll Stunden durchbrochen wird und sie kalt und abweisend bleibt wie das bleiche Auge eines Toten.

Balders Gesicht leuchtete wie die Sonne: Er war so schön, dass er jeden Ort erhellte, den er betrat. Balder war Odins zweiter Sohn, und er wurde nicht nur von seinem Vater geliebt, sondern von allen und jedem. Er war der verständigste, mildeste, der beredtste von allen Asen. Er sprach Recht, und alle waren beeindruckt von seiner Klugheit und seinem Gerechtigkeitssinn. Sein Zuhause, die Halle, die man Breidablik nannte, war ein Ort der Freude, der Musik und des Wissens.

Balders Frau war Nanna, und er liebte sie und nur sie. Ihr Sohn Forseti wuchs heran und würde eines Tages ein ebenso weiser Richter sein wie sein Vater. Es war alles gut in Balders Leben und in seiner Welt, nur eines nicht.

Balder hatte böse Träume.

Er träumte vom Ende der Welten und davon, dass Sonne und Mond von einem Wolf gefressen wurden. Er träumte von ewigen Schmerzen und Tod. Er träumte von Finsternis und davon, in der Falle zu sitzen. Brüder erschlugen Brüder in seinen Träumen, und niemand konnte dem anderen trauen. In seinen Träumen brach ein neues Zeitalter über die Welten herein, ein Zeitalter des Sturms und des Mordens. Balder erwachte aus diesen Träumen stets unter Tränen und überaus beunruhigt.

Er ging zu den Göttern und erzählte ihnen von seinen Albträumen. Keiner von ihnen wusste sich einen Reim darauf zu machen, aber auch sie waren beunruhigt. Alle bis auf einen.

Als Loki hörte, wie Balder von seinen bösen Träumen berichtete, lächelte er.

Odin machte sich auf, um den Grund für die Träume seines Sohnes zu finden. Er zog seinen grauen Mantel an und setzte seinen Schlapphut auf, und wenn die Leute ihn nach seinem Namen fragten, sagte er, er sei Wanderer, der Sohn des Kriegers. Niemand kannte die Antwort auf seine

Fragen, aber man erzählte ihm von einer Seherin, einer weisen Frau, die alle Träume zu deuten wusste. Sie hätte ihm gewiss helfen können, sagten die Leute, aber sie war lange schon tot.

Am Ende der Welt befand sich das Grab der weisen Frau. Dahinter, gen Osten, erstreckte sich das Reich der Toten, die nicht in der Schlacht gefallen waren. Das Reich von Hel – Lokis Tochter, die er mit der Riesin Angrboda gezeugt hatte.

Odin reiste ostwärts und hielt erst inne, als er das Grab erreicht hatte.

Der Allvater war der weiseste unter den Asen, und für noch mehr Weisheit hatte er ein Auge geopfert.

Er stand vor dem Grab am Ende der Welt, und an diesem Ort legte er die dunkelste aller Runen aus und rief alte, längst vergessene Mächte an. Er verbrannte einiges und sagte manches, er schmeichelte und er forderte. Sturm schlug ihm ins Gesicht, doch dann erstarb der Wind und vor ihm tauchte eine Frau auf. Hinter dem Feuer stand sie, und ihr Gesicht lag im Schatten.

»Es war beschwerlich, aus dem Land der Toten zurückzukommen«, sagte sie zu Odin. »Ich liege hier seit so langer Zeit begraben. Regen und Schnee sind auf mich gefallen. Ich kenne dich nicht, Mann, der du mich hast auferstehen lassen. Wie nennt man dich?«

»Man nennt mich Wanderer«, sagte Odin. »Krieger war mein Vater. Sag mir, was im Reich Hel vor sich geht.«

Die tote Frau starrte ihn an. »Balder kommt zu uns. Wir brauen Met für ihn. Es wird Verzweiflung geben in der Welt über uns, aber in der Welt der Toten wird nichts als Freude herrschen.«

Odin fragte sie, wer Balder töten werde, und ihre Antwort versetzte ihm einen Schlag. Er fragte sie, wer Balders Tod rächen werde, und ihre Antwort verwirrte ihn. Er fragte sie, wer um Balder trauern werde, und sie starrte ihn über ihr Grab hinweg an, als erblickte sie ihn zum ersten Mal.

»Du bist nicht Wanderer.« Ihre toten Augen flackerten, und ein neuer Ausdruck nahm auf ihrem Gesicht Platz. »Du bist Odin, der sich für sich selbst geopfert hat vor so langer Zeit.«

»Und du bist keine weise Frau. Du warst im Leben Angrboda, Lokis Geliebte, die Mutter von Hel, von Jörmungand, der Midgardschlange, und vom Fenriswolf«, sagte Odin.

Die tote Riesin lächelte. »Reite heimwärts, kleiner Odin. Lauf davon, lauf zurück in deine Halle. Nun wird niemand mehr kommen, um mich zu besuchen, bis mein Gatte Loki seine Fesseln abwirft und zu mir zurückkehrt, und bis die Ragnarök, die letzten Tage der Götter, nahen und uns alle auseinanderreißen.«

Und dann war nichts mehr an diesem Ort, nur noch Schatten.

Odin verließ den Ort mit schwerem Herzen und mit vielem, worüber er nachzudenken hatte. Nicht einmal die Götter können das Schicksal ändern, und wenn er Balder retten wollte, musste er es schlau anstellen. Und er würde Hilfe brauchen. Aber es gab noch etwas anderes, das die tote Riesin gesagt hatte und was ihn verstörte.

Warum sprach sie davon, dass Loki seine Ketten abwerfen würde?, fragte sich Odin. *Loki ist nicht gefesselt.* Und dann dachte er: *Noch nicht.*

II

Odin ging vorerst nur mit sich selbst zu Rate, aber er verriet Frigg, seiner Frau und Mutter der Götter, dass Balders Träume wahr seien und dass jemand ihrem liebsten Sohn nichts Gutes wolle.

Frigg dachte darüber nach. Dann sagte sie: »Ich glaube es nicht. Ich will es nicht glauben. Nichts gibt es, das die Sonne verachtet und die Wärme und das Leben, das sie der Welt spendet. Aus demselben Grund gibt es nichts und niemanden, der meinen Sohn, den wunderschönen Balder, hasst.« Und sie machte sich auf, dies zu beweisen.

Sie wanderte über die Erde und verlangte einen Eid von allem, dem sie begegnete, dass es niemals dem wunderschönen Balder etwas zuleide tun würde. Sie sprach mit dem Feuer, und es versprach, dass es ihn nicht verbrennen würde. Das Wasser gab seinen Schwur, ihn niemals zu ertränken. Das Eisen würde ihn nicht schneiden, ebenso keines der anderen Metalle. Die Steine versprachen, seiner Haut niemals eine Wunde zuzufügen. Frigg sprach zu den Bäumen, zu den wilden Tieren und den Vögeln, zu allem, was kreuchte und fleuchte, und jedes Geschöpf versprach, dass seine Art Balder niemals etwas tun würde. Alle Bäume, die Eichen und die Eschen, die Kiefern und Buchen, die Birken und Tannen, sicherten zu, dass ihr Holz niemals benutzt werden könne, um Balder zu verletzen. Sie rief auch die Krankheiten zu sich und sprach mit ihnen, und jede Krankheit und jedes Gebrechen stimmte zu, Balder niemals zu befallen.

Nichts war Frigg zu unbedeutend, an alles richtete sie ihre Bitte, nur an die Mistel nicht, die auf anderen Bäumen lebt. Sie schien zu klein, zu jung, zu unwichtig, und so überging sie sie.

Und als alles seinen Eid geschworen hatte, ihrem Sohn kein Leid zuzufügen, kehrte Frigg nach Asgard zurück. »Balder ist in Sicherheit«, teilte sie den Asen mit. »Nichts wird ihm etwas tun.«

Doch allle zweifelten an ihr, selbst Balder. Also hob Frigg einen Stein vom Boden und warf damit nach ihrem Sohn. Der Stein aber sprang an ihm vorbei.

Balder lachte hocherfreut, und es war, als wäre die Sonne aufgegangen. Die Götter lächelten. Und dann schleuderten sie, einer nach dem anderen, ihre Waffen auf Balder, und sie alle waren überrascht und verblüfft. Die Schwerter berührten ihn nicht, die Speere drangen nicht in sein Fleisch.

Erleichtert waren die Götter und glücklich. Nur zwei Gesichter gab es in Asgard, die nicht vor Freude leuchteten.

Loki lächelte nicht, und er lachte auch nicht. Er sah zu, wie die Götter mit Äxten und Schwertern auf Balder einhackten und riesige Steine auf ihn fallen ließen und versuchten, ihn mit großen hölzernen Knüppeln zu schlagen. Er beobachtete, wie sie lachten, als die Knüppel und Schwerter und Steine und Äxte vor Balder auswichen oder ihn so sanft berührten wie Federn. Loki brütete vor sich hin und stahl sich davon, verschwand in den Schatten.

Der andere, der nicht lachte, war Balders Bruder Höd, der blind war.

»Was geht hier vor?«, fragte der blinde Höd. »Erklärt mir bitte jemand, was vor sich geht?« Aber niemand sprach mit Höd. Er lauschte auf den fröhlichen Tumult und die Ausgelassenheit und wünschte, er könnte Teil davon sein.

»Du musst sehr stolz sein auf deinen Sohn«, sagte eine freundliche Frau zu Frigg. Frigg erkannte sie nicht, aber die Frau strahlte, als sie Balder ansah, und Frigg war tatsächlich stolz auf ihren Sohn. Alle liebten ihn. »Aber werden sie ihm denn nicht wehtun, dem armen Schatz? Wenn sie ihn derart bewerfen? Wenn ich seine Mutter wäre, hätte ich Angst um meinen Sohn.«

»Sie werden ihn nicht verletzen«, sagte Frigg. »Keine Waffe kann Balder etwas zuleide tun. Keine Krankheit. Kein Stein. Kein Baum. Ich habe allem, was ihm schaden könnte, den Eid abgenommen.«

»Das ist gut«, sagte die freundliche Frau. »Das freut mich. Aber bist du dir sicher, dass dir nichts entgangen ist?«

»Gar nichts«, sagte Frigg. »Ich ließ alle Bäume schwören. Nur die Mistel habe ich nicht behelligt – sie wächst auf den Eichen westlich von Walhall. Aber sie ist zu jung und zu klein, um Schaden anrichten zu können. Aus einer Mistel kann man keine Keule machen.«

»Na so was«, sagte die freundliche Frau. »Die Mistel, sagst du? Nun, um die Wahrheit zu sagen, mit der hätte ich mich auch nicht aufgehalten. Ist ja bloß Unkraut.«

Inzwischen hatte Frigg das Gefühl, die freundliche Frau erinnere sie an jemanden, aber bevor die Göttin daraufkommen konnte, hob Tyr mit seiner verbliebenen linken Hand einen riesigen Stein vom Boden über seinen Kopf und ließ ihn auf Balders Brust krachen. Er löste sich in Staub auf, bevor er den strahlenden Gott auch nur berührte.

Als Frigg sich wieder zu der freundlichen Frau umwandte, war sie fort, und Frigg dachte nicht mehr an sie. Vorerst.

Loki begab sich in seiner wahren Gestalt in den Westen von Walhall. Vor einer großen Eiche blieb er stehen. Hier und da hingen einige Ballen grüner Mistelzweige und bleiche weiße Beeren von der Eiche und wirkten sehr unscheinbar an dem mächtigen Baum. Sie wuchsen direkt aus der Eichenborke heraus. Loki untersuchte die Beeren, die Stängel und die Blätter. Er dachte darüber nach, Balder mit Mistelbeeren zu vergiften, aber dieses Vorgehen erschien ihm viel zu einfach.

Wenn er schon Balder Schaden zufügte, wollte er dabei so viele andere wie möglich verletzen.

III

Der blinde Höd stand abseits und lauschte der Fröhlichkeit, den glücklichen Rufen und dem Erstaunen, das von der Wiese herüberdrang, und er seufzte. Höd war stark, einer der stärksten Götter, auch wenn er ohne Augenlicht war, und für gewöhnlich achtete Balder stets darauf, dass er mit einbezogen wurde. Heute aber hatte Balder ihn vergessen.

»Du siehst traurig aus«, sagte eine vertraute Stimme. Es war Loki.

»Es ist schwer, Loki. Alle haben so viel Spaß. Ich höre, wie sie lachen. Und Balder, mein geliebter Bruder, klingt so glücklich. Ich wünschte nur, ich könnte dabei sein.«

»Aber nichts leichter als das«, sagte Loki. Höd konnte seinen Gesichtsausdruck nicht sehen, aber Loki klang so hilfsbereit, so freundlich. Und alle Götter wussten, dass Loki überaus gewitzt war. »Streck deine Hand aus.«

Höd tat es, und Loki legte etwas hinein und schloss seine Finger darum.

»Das ist ein kleiner hölzerner Pfeil, den ich angefertigt habe. Ich führe dich nahe an Balder heran, und dann wirfst du ihn so fest du kannst. Wirf ihn mit all deiner Kraft. Dann werden alle Götter lachen, und Balder wird merken, dass auch sein blinder Bruder am Tag seines Triumphes dabei war.«

Loki führte Höd durch die Menge, auf den Tumult zu. »Hier. Hier stehst du gut. Nun, wenn ich dir das Zeichen gebe, wirf den Pfeil.«

»Es ist ja bloß so ein winziger Pfeil«, sagte Höd bekümmert. »Ich wünschte, ich könnte einen Speer werfen oder einen Stein.«

»Ein kleiner Pfeil tut es auch«, sagte Loki. »Seine Spitze ist scharf genug. Nun wirf ihn, wie ich dir gesagt habe.«

Ein mächtiges Jubeln und Gelächter ertönte: Thor schleuderte eine Keule aus verknoteten Dornbuschzweigen, versetzt mit scharfen Eisennägeln, direkt in Balders Gesicht. Im letzten Augenblick flog die Keule über seinen Kopf hinweg, und Thor sah aus, als würde er tanzen. Es war sehr komisch.

»Jetzt!«, flüsterte Loki. »Jetzt, solange sie alle noch lachen.«

Höd warf den Mistelzweigpfeil, genau, wie es ihm gesagt worden war. Er erwartete Jubel und Gelächter. Doch niemand lachte, niemand jubelte. Es herrschte Stille. Nur leises Keuchen und Murmeln hörte er.

»Warum jubelt niemand?«, fragte der blinde Höd. »Ich habe einen Pfeil geworfen. Er war weder groß noch schwer, aber ihr müsst ihn gesehen haben. Balder, mein Bruder, warum lachst du nicht?«

Dann hörte er Wehklagen, hoch und schrill und schrecklich, und er erkannte die Stimme. Es war seine Mutter, die wehklagte.

»Balder, mein Sohn. Oh, Balder, oh, mein Sohn«, wehklagte sie.

Und in diesem Augenblick begriff Höd, dass der Pfeil sein Ziel getroffen hatte.

»Wie schrecklich. Wie traurig. Du hast deinen Bruder umgebracht«, sagte Loki. Aber traurig klang er nicht. Er klang kein bisschen traurig.

IV

Balder lag tot auf dem Boden, getroffen vom Mistelpfeil. Die Götter scharten sich um ihn, weinten und zerrissen ihre Kleider. Odin sagte nur das eine: »Keine Rache soll geübt werden an Höd. Noch nicht. Nicht in diesem Augenblick. Wir sind an einem Ort des heiligen Friedens.«

Frigg sagte: »Wer will mir zur Seite stehen und Hel aufsuchen? Vielleicht lässt sie Balder in unsere Welt zurückkehren. Nicht einmal Hel könnte so grausam sein und ihn behalten wollen …« Einen Augenblick lang zögerte sie. Hel war schließlich Lokis Tochter. »Und wir werden ihr ein Lösegeld anbieten, damit sie uns Balder zurückgibt. Ist einer von euch bereit, in Hels Reich zu reisen? Es könnte sein, dass ihr nicht von dort zurückkehrt.«

Die Götter blickten einander an. Und dann hob einer von ihnen die Hand. Es war Hermod, genannt der Gewandte, Odins Sohn, der schnellste und wagemutigste der jungen Götter.

»Ich werde Hel aufsuchen«, sagte er. »Ich werde Balder den Schönen zurückbringen.«

Man brachte ihm Sleipnir, Odins Hengst mit den acht Beinen. Hermod bestieg ihn und machte sich auf den Weg abwärts, immer weiter hinab, um Hel in ihrer hohen Halle aufzusuchen, wohin nur die Toten kommen.

Während Hermod in die Dunkelheit ritt, bereiteten die Götter Balders Begräbnis vor. Sie betteten seinen Leichnam auf Hringhorni, Balders Schiff. Sie wollten das Schiff in See stechen lassen und es verbrennen, aber sie konnten es nicht vom Ufer wegbewegen. Sie alle schoben und hoben, selbst Thor, aber das Schiff saß unbeweglich auf dem Strand fest. Allein Balder wäre es möglich gewesen, das Schiff zu Wasser zu lassen, und der war nun tot.

Die Götter ließen die Riesin Hyrrokkin kommen, die auf einem gewaltigen Wolf zu ihnen geritten kam, dem sie Schlangen als Zügel umgelegt hatte. Sie ging zum Bug von Balders Schiff und schob so fest sie konnte, und sie brachte das Schiff ins Wasser, aber sie wendete so viel Kraft auf, dass die Räder, auf denen das Schiff lag, in Flammen aufgingen und die Erde bebte und sich beängstigend hohe Wellen auftürmten.

»Ich sollte sie umbringen«, sagte Thor, der immer noch nicht verwinden konnte, dass es ihm selbst nicht gelungen war, das Schiff zu Wasser zu lassen. Er umklammerte den Griff von Mjöllnir, seinem Hammer. »Sie zeigt keinen Respekt.«

»Du wirst nichts Derartiges tun«, sagten die anderen Götter.

»Mir gefällt das alles gar nicht«, sagte Thor. »Ich muss bald jemanden umbringen, um meine Spannung abzubauen. Ihr werdet schon sehen.«

Balders Leichnam wurde von vier Göttern den Kiesstrand hinabgetragen; acht Beine trugen ihn an der versammelten Menge vorbei. Odin stand ganz vorn bei den Trauernden, seine Raben auf den Schultern, und hinter ihm die Walküren und die Asen. Auch Reifriesen und Bergriesen nahmen an Balders Bestattung teil, und Zwerge, die geschickten Handwerker aus dem unterirdischen Reich, denn nichts und niemanden gab es, der Balders Tod nicht betrauerte.

Balders Frau Nanna sah seinen Leichnam an sich vorbeiziehen. Sie wehklagte, und das Herz versagte in ihrer Brust. Tot brach sie auf dem Strand zusammen. Man trug sie zu dem Scheiterhaufen und legte ihren Körper neben den von Balder. Aus Respekt legte Odin seinen Armreifen Draupnir zu ihnen. Es war der wundersame Ring, den die Zwerge Brokk und Sindri ihm geschmiedet hatten und aus dem alle neun Tage acht weitere Ringe von gleicher Reinheit und Schönheit tropften. Dann flüsterte Odin etwas in Balders totes Ohr, und welches Geheimnis Odin ihm zuflüsterte, wird niemals jemand wissen außer ihm und Balder.

Balders Pferd wurde in voller Rüstung zum Scheiterhaufen geritten und geopfert, damit es seinen Herrn auch in der zukünftigen Welt tragen konnte.

Sie entzündeten den Scheiterhaufen. Er brannte und verschlang den Körper von Balder und den Körper von Nanna und ebenso sein Pferd und seine Besitztümer.

Balders Körper flammte hell wie die Sonne.

Thor stand vor dem Scheiterhaufen und hob Mjöllnir hoch in die Luft. »Ich segne dieses Feuer!«, verkündete er. Dabei warf er einige missmutige Blicke auf die Riesin Hyrrokkin, denn er fand, dass sie immer noch nicht respektvoll genug auftrat.

Lit, einer der Zwerge, stellte sich vor Thor, um einen besseren Blick auf den Scheiterhaufen zu bekommen. Gereizt trat Thor ihn mitten hinein in die Flammen, wodurch es Thor ein wenig besser ging und allen Zwergen deutlich schlechter.

»Mir gefällt das nicht«, knurrte Thor. »Mir gefällt das alles gar kein bisschen. Ich hoffe, Hermod der Gewandte wird sich mit Hel einig. Je früher Balder zurückkommt, desto besser für uns alle.«

V

Hermod der Gewandte ritt neun Tage und neun Nächte ohne Rast. Er ritt weiter und weiter in zunehmende Dunkelheit hinab; von der Dämmerung ins Zwielicht, hinein in die Nacht und schließlich in kohlrabenschwarze, sternenlose Finsternis. Das Einzige, was er nun noch sehen konnte, war ein goldenes Leuchten weit vor ihm.

Näher und näher ritt er heran, und heller wurde das Licht. Es war Gold – das Überdach der Brücke, die über den Fluss Gjöll führt, den alle Gestorbenen passieren müssen.

Er verlangsamte Sleipnir zu einem Trab, als sie die Brücke überquerten, die unter ihnen hin- und herschwang und zitterte.

»Wie lautet dein Name?«, fragte die Stimme einer Frau. »Wer sind deine Verwandten? Was hast du zu suchen im Land der Toten?«

Hermod sagte nichts.

Er erreichte das gegenüberliegende Ende der Brücke, wo eine junge Frau stand. Sie war blass und sehr schön, und sie blickte ihn an, als habe sie niemals etwas wie ihn gesehen. Ihr Name war Modgud, und sie wachte über die Brücke.

»Gestern haben genug Tote diese Brücke überquert, um fünf Königreiche zu füllen, aber du allein bringst sie mehr zum Schwanken als sie alle zusammen, obwohl es zahllose Männer und Pferde waren. Ich kann das rote Blut unter deiner Haut sehen. Du hast nicht die Farbe der Toten – sie sind grau und grün und weiß und blau. Unter deiner Haut ist noch das Leben. Wer bist du? Warum kommst du nach Hel?«

»Ich bin Hermod«, sagte er. »Ich bin ein Sohn von Odin, und ich reite auf Odins Pferd nach Hel, um Balder zu finden. Hast du ihn gesehen?«

»Niemand, der ihn je gesehen hat, könnte ihn vergessen«, erwiderte sie. »Balder der Schöne hat diese Brücke vor neun Tagen überquert. Er ist in Hels große Halle gegangen.«

»Ich danke dir«, sagte Hermod. »Dorthin also muss ich gehen.«

»Sie liegt weiter unten in nördlicher Richtung«, sagte sie zu ihm. »Reite immer weiter hinab nach Norden, dann wirst du Hels Tor erreichen.«

Hermod ritt weiter. Er folgte dem Pfad nach Norden, bis er vor sich eine riesige Mauer aufragen sah mit den Toren zu Hel, die höher waren als der höchste Baum. Er stieg von seinem Pferd und zog das Zaumzeug enger. Dann stieg er wieder auf und hielt sich am Sattel fest, trieb Sleipnir an, schneller und immer schneller zu galoppieren, und schließlich sprang das Pferd, wie kein Pferd jemals gesprungen war oder springen wird, über die Tore von Hel. Es landete sicher auf der anderen Seite, in Hels Reich, das kein lebendes Geschöpf jemals betreten kann.

Hermod ritt zur großen Halle der Toten, stieg ab und trat ein. Balder, sein Bruder, saß am Kopf der Tafel, auf dem Ehrenplatz. Balder war blass, seine Haut hatte die Farbe der Welt an einem grauen Tag, an dem keine Sonne scheint. Er saß und trank Hels Met und aß ihre Speisen. Als er Hermod erblickte, ließ er ihn neben sich Platz nehmen, und gemeinsam verbrachten sie die Nacht an der Tafel. Auf der anderen Seite von Balder saß Nanna, seine Frau, und neben ihr ein Zwerg namens Lit, der keine besonders gute Laune zu haben schien.

In Hels Welt geht die Sonne niemals auf, und der Tag kann niemals beginnen.

Hermod schaute sich in der Halle um, und er entdeckte eine Frau von seltsamer Schönheit. Die rechte Seite ihres Körpers hatte die Farbe von Fleisch, aber die linke Seite war dunkel und verwest wie eine wochenalte Leiche, die man möglicherweise in einem Wald an einem Baum hängen sieht oder erfroren im Schnee. Da wusste Hermod, dass dies Hel war, Lokis Tochter, die der Allvater dazu ausersehen hatte, über das Land der Toten zu herrschen.

»Ich bin wegen Balder hergekommen«, sagte Hermod zu Hel. »Odin selbst hat mich geschickt. Alles und jeder trauert um ihn. Du musst ihn uns zurückgeben.«

Hel blieb ungerührt. Ein grünes Auge starrte Hermod an und ein eingesunkenes, totes Auge. »Ich bin Hel«, sagte sie schlicht. »Die Toten kommen zu mir, und sie kehren nicht in die Länder dort oben zurück. Warum sollte ich Balder gehen lassen?«

»Alle Geschöpfe trauern um ihn. Sein Tod vereint uns alle in unserem Kummer, Götter und Reifriesen, Zwerge und Alben. Die Tiere trauern um ihn und die Bäume. Selbst die Metalle weinen. Die Steine träumen davon, dass der tapfere Balder in die Länder zurückkehrt, die die Sonne kennen. Lass ihn ziehen.«

Hel sagte nichts. Sie musterte Hermod mit ihren ungleichen Augen. Dann seufzte sie. »Er ist das schönste und, wie ich glaube, beste Wesen, das jemals in mein Reich gekommen ist. Aber wenn es sich wirklich verhält, wie du sagst, wenn alle Geschöpfe Balder betrauern, dann will ich ihn euch zurückgeben.«

Hermod warf sich ihr zu Füßen. »Das ist edel von dir. Hab Dank. Hab Dank, große Königin.«

Sie schaute zu ihm herab. »Steh auf. Ich habe nicht gesagt, dass ich ihn einfach so zurückgebe. Dies ist deine Aufgabe, Hermod: Geh und frag sie. All die Götter und Riesen, all die Steine und Pflanzen. Frag alles und frag jeden. Wenn alle Wesen auf der Welt um ihn weinen und seine Rückkehr wünschen, werde ich Balder den Asen und dem Tag zurückgeben. Doch wenn auch nur ein Geschöpf nicht weint oder gegen ihn spricht, dann bleibt er für alle Zeit bei mir.«

Hermod erhob sich. Balder führte ihn aus der Halle und gab ihm Odins Ring Draupnir, damit er ihn Odin zurückbringe, als Beweis dafür, dass er tatsächlich bei Hel gewesen war. Nanna gab ihm einen Leinenmantel für Frigg mit und einen goldenen Ring für Fulla, Friggs Zofe. Lit wiederum verzog nur das Gesicht und machte rüde Gesten.

Hermod stieg auf Sleipnirs Rücken. Diesmal waren Hels Tore für ihn geöffnet, und er kehrte auf demselben Weg zurück, auf dem er gekommen war. Er überquerte die Brücke, und schließlich sah er vor sich Tageslicht.

In Asgard gab Hermod Odin, dem Allvater, den Armring Draupnir zurück und erzählte ihm, was passiert war und was er gesehen hatte.

Während Hermod in der Unterwelt gewesen war, hatte Odin einen Sohn bekommen, um Balder zu ersetzen. Diesen Sohn, Vali war sein Name, hatte er mit der Göttin Rind gezeugt. Noch bevor er einen Tag alt war, fand der Säugling Höd und tötete ihn. So wurde Balders Tod gerächt.

VI

Die Asen schickten Boten in alle Welt. Die Boten der Asen ritten dahin wie der Wind, und sie fragten alles und jeden auf ihrem Weg, ob sie um Balder trauerten, damit Balder aus Hels Welt befreit

werden konnte. Die Frauen weinten und die Männer, die Kinder und die Tiere. Die Vögel der Lüfte weinten um Balder ebenso wie die Erde, die Bäume, die Steine. Selbst die Metalle, auf die die Boten trafen, weinten um Balder, so wie ein Schwert aus kaltem Eisen weint, wenn man es aus der eisigen Kälte ins Sonnenlicht und in die Wärme hält.

Alles weinte um Balder.

Die Boten traten ihre Rückreise an, glücklich und voller Freude. Balder würde bald wieder unter den Asen weilen.

Sie ruhten sich aus auf einem Bergrücken neben einer Höhle, und sie aßen ihren Proviant und tranken ihren Met, und sie scherzten und lachten miteinander.

»Wer ist da?«, rief eine Stimme aus der Höhle, und eine ältliche Riesin trat heraus. Etwas an ihr kam den Boten bekannt vor, aber keiner von ihnen war sich sicher, was es war. »Ich bin Thökk«, sagte sie, was *Dankbarkeit* bedeutet. »Warum seid ihr hier?«

»Wir haben alles und jeden gefragt, ob sie um den gestorbenen Balder weinen. Der schöne Balder, der getötet wurde von seinem blinden Bruder. Denn jeder von uns vermisst Balder, wie wir die Sonne am Himmel vermissen würden, sollte sie nie wieder scheinen. Und jeder von uns weint um ihn.«

Die Riesin kratzte sich an der Nase, räusperte sich und spuckte auf die Felsen.

»Die alte Thökk wird nicht um Balder weinen«, sagte sie freiheraus. »Tot oder lebendig, der Sohn des alten Odin hat mir bloß Kummer bereitet und Ärger. Ich bin froh, dass er tot ist. Ein Glück, dass wir ihn los sind. Soll Hel ihn behalten.«

Dann schlurfte sie zurück in die Dunkelheit ihrer Höhle und war nicht mehr zu sehen.

Die Boten kehrten nach Asgard zurück und berichteten den Göttern, was ihnen widerfahren war und von ihrem Scheitern. Denn ein Geschöpf gab es, das nicht um Balder weinte und nicht wollte, dass er zurückkehrte, eine alte Riesin in einer Höhle im Berg.

Inzwischen war ihnen auch eingefallen, an wen die alte Thökk sie erinnert hatte: Sie hatte sich bewegt und geredet wie Loki, Sohn der Laufey.

»Ich nehme an, es war Loki, der sich verwandelt hatte«, sagte Thor. »Natürlich war es Loki. Es ist immer Loki.«

Thor hob seinen Hammer Mjöllnir und versammelte eine Gruppe von Göttern um sich. Sie suchten nach Loki, um Rache zu nehmen, aber der tückische Unruhestifter war nirgends zu finden. Er versteckte sich, weit fort von Asgard, sonnte sich mit diebischer Freude in seiner eigenen Klugheit und wartete darauf, dass Gras über die Sache wachsen würde.

LOKIS LETZTE TAGE

I

Balder war tot, und die Götter betrauerten noch immer seinen Verlust. Sie waren traurig, grauer Regen fiel unerbittlich hernieder, und es gab keine Freude im ganzen Land.

Als Loki von seinen Reisen in die fernen Weltgegenden zurückkehrte, zeigte er keine Reue.

Es war die Zeit des Herbstgelages in Ägirs Halle, wo die Götter und Alben zusammenkamen und das frische Bier des Meeresriesen tranken, gebraut in jenem Kessel, den Thor vor langer Zeit aus dem Land der Riesen mitgebracht hatte.

Auch Loki war dort. Er trank zu viel von Ägirs Bier, trank, bis all seine Freude und sein Lachen und seine Listigkeit verschwunden waren und er nur noch finster vor sich hin brütete. Als Loki hörte, wie die Götter Ägirs Diener Fimafeng für seine Schnelligkeit und Aufmerksamkeit lobten, sprang er vom Tisch auf und erstach Fimafeng mit seinem Messer. Er war sofort tot.

Die entsetzten Götter jagten Loki aus der Festhalle in die Dunkelheit hinaus.

Zeit verging. Das Gelage wurde fortgesetzt, aber die Stimmung war getrübt.

Im Türeingang kam Unruhe auf, und als die Götter und Göttinnen sich umwandten, sahen sie, dass Loki zurückgekommen war. Er stand im Eingang der Halle und sah sie mit einem bösen Lächeln auf dem Gesicht an.

»Du bist hier nicht willkommen«, sagten die Götter.

Loki beachtete sie nicht. Er ging bis zu dem Platz, auf dem Odin saß. »Allvater. Du und ich, wir haben unser Blut vor langer, langer Zeit vermischt, nicht wahr?«

Odin nickte. »Das haben wir.«

Loki lächelte noch breiter. »Hast du damals nicht geschworen, großer Odin, dass du niemals an einer Banketttafel einen Schluck trinken würdest, wenn dein eingeschworener Blutsbruder Loki nicht bei dir wäre, um mit dir zu trinken?«

Odins graues Auge starrte in Lokis grüne Augen, und es war Odin, der als Erster den Blick abwandte.

»Lasst den Wolfsvater mit uns trinken«, sagte Odin barsch und hieß seinen Sohn Vidar, zur Seite zu rutschen, damit Loki sich neben ihm niederlassen konnte.

Loki grinste voller Heimtücke und Genugtuung. Er rief nach mehr von Ägirs Bier und ließ es sich in die Kehle rinnen.

Im Verlauf dieser Nacht beleidigte Loki sämtliche Götter und Göttinnen, einen nach dem anderen. Er beschimpfte die Götter als Feiglinge, und den Göttinnen sagte er, sie seien leichtgläubig und unkeusch. Jede Beleidigung enthielt gerade genug Wahrheit, um zu verletzen. Er sagte ihnen, sie seien Narren, erinnerte sie an Vorfälle, die sie für längst vergessen gehalten hatten. Er höhnte und spottete und holte alte Skandale hervor, und er hörte einfach nicht auf, allen den Abend zu verderben, bis Thor bei dem Gelage eintraf.

Thor beendete das Ganze denkbar einfach: Er drohte, Lokis böses Mundwerk mit Mjöllnir ein für alle Mal zu schließen und ihn nach Hel zu schicken, hinab in die Halle der Toten.

Darauf verließ Loki das Gelage, doch bevor er hinausschwankte, wandte er sich noch einmal an Ägir. »Du hast gutes Bier gebraut. Aber hier wird niemals wieder ein Herbstgelage stattfinden. Flammen werden diese Halle auffressen, und das Feuer wird dir die Haut vom Rücken sengen. Alles, was du liebst, wird dir genommen werden. Das schwöre ich dir.«

Und damit kehrte er den Göttern von Asgard den Rücken und verschwand in der Dunkelheit.

II

Am nächsten Morgen nüchterte Loki aus und dachte über das nach, was er in der vergangenen Nacht getan hatte. Er empfand keine Scham, denn Scham lag nicht in Lokis Natur, aber er wusste, dass er es diesmal zu weit getrieben hatte.

Loki besaß eine Wohnstatt auf einem Berg nahe des Meeres, und er beschloss, dort zu warten, bis die Götter ihn vergessen hatten. Sein Haus auf der Bergspitze hatte vier Türen, eine auf jeder Seite, sodass er jede Gefahr sehen konnte, ganz gleich aus welcher Richtung sie kam.

Tagsüber verwandelte sich Loki in einen Lachs und versteckte sich in einem kleinen Becken am Fuß des Wasserfalls von Franang, der aus großer Höhe den Berghang hinabrauschte. Ein schmaler Bach verband den Teich mit einem Fluss, und dieser Fluss führte direkt ins Meer.

Loki liebte es, Pläne und Gegenpläne zu schmieden. Als Lachs fühlte er sich ziemlich sicher. Nicht einmal die Götter waren dazu imstande, einen schwimmenden Lachs zu fangen.

Doch schließlich begann er, an sich selbst zu zweifeln. Er fragte sich: *Ist es nicht doch möglich, einen Fisch im tiefen Becken unter dem Wasserfall zu fangen?*

Wie würde er selbst, der Ausgefuchsteste von allen, der listigste Planer überhaupt, es anstellen, einen Lachs zu fangen?

Loki nahm einen Ball Nesselgarn und knotete daraus ein Fischernetz, das erste Netz dieser Art. *Ja*, dachte er, *mit so einem Netz könnte ich einen Lachs fangen.*

Nun, dachte er, *muss ein Gegenplan her: Was mache ich, wenn die Götter ein Netz wie dieses weben?*

Er betrachtete das Netz, das er selbst geknüpft hatte. Er dachte nach.

Lachse können springen, sie können stromaufwärts schwimmen, sogar Wasserfälle hinauf. Ich könnte über das Netz springen.

Etwas anderes erregte seine Aufmerksamkeit. Er spähte erst zu einer, dann zu einer anderen Tür hinaus und schrak zusammen: Die Götter kamen den Hang herauf, beinahe hatten sie sein Haus erreicht.

Loki schleuderte das Netz ins Feuer und sah zufrieden zu, wie es verbrannte. Dann eilte er zum Wasserfall von Franang. In Gestalt eines silbernen Lachses sprang er den Wasserfall hinab und verschwand in dem tiefen Becken am Fuß des Berges.

Die Asen erreichten Lokis Haus auf dem Berg. An jeder Tür stellten sie sich auf, um Lokis Fluchtwege abzuschneiden, falls er noch im Inneren sein sollte.

Kvasir, der weiseste der Götter, trat durch die erste Tür hinein. Früher einmal war er tot gewesen, und Met war aus seinem Blut gebraut worden, aber nun war er wieder lebendig. Am Feuer und dem halb ausgetrunkenen Weinkelch daneben erkannte er, dass Loki noch Augenblicke vor ihrer Ankunft hier gewesen war.

Es gab jedoch keinen Hinweis darauf, wohin Loki sich verzogen hatte. Kvasir suchte den Himmel ab. Dann blickte er auf den Boden hinab und ins Feuer.

»Das jämmerliche kleine Wiesel hat sich aus dem Staub gemacht«, sagte Thor und betrat das Haus durch eine der anderen vier Türen. »Er kann sich in alles verwandelt haben. Wir werden ihn niemals finden.«

»Sei nicht so voreilig«, sagte Kvasir. »Schau.«

»Das ist doch bloß Asche«, sagte Thor.

»Sieh dir das Muster darin an.« Kvasir beugte sich hinab, berührte die Asche auf dem Boden neben dem Feuer, schnupperte daran und tippte sie schließlich mit der Zunge an. »Das ist Asche aus einem Faden, der ins Feuer geworfen und verbrannt wurde. Ein Faden wie von dem Knäuel aus Nesselschnur dort drüben in der Ecke.«

Thor verdrehte die Augen. »Ich glaube nicht, dass die Asche eines verbrannten Fadens uns sagen kann, wo Loki steckt.«

»Nein? Aber sieh dir das Muster an – es ist überkreuz gelegt. Und die einzelnen Rechtecke sind absolut gleichmäßig.«

»Kvasir, du verschwendest unsere Zeit, wenn du hier die Muster von Asche bewunderst. Das ist doch eine Dummheit. Jeden Augenblick, den wir damit verbringen, in die Asche zu starren, nutzt Loki, um weiter und weiter fortzukommen.«

»Vielleicht hast du recht, Thor. Aber um die Rechtecke in diesem Muster so gleichmäßig zu bilden, braucht man etwas, um die Abstände einzuhalten, wie das Stück Holz, das dort neben deinem Fuß auf dem Boden liegt. Du müsstest das eine Ende des Fadens an etwas anbinden, um ihn zu verweben – etwas wie den kleinen Stock, der dort aus dem Boden ragt. Dann würdest du deine Fäden so miteinander verknüpfen, dass sich etwas bilden würde wie … Hm. Ich frage mich, wie Loki es genannt hat. Ich würde es ein *Netz* nennen.«

»Was plapperst du noch vor dich hin?«, fragte Thor. »Warum starrst du in die Asche und auf Stöcke und Holzteile, wenn wir doch Loki jagen könnten? Kvasir! Während du grübelst und Unsinn redest, entkommt er uns!«

»Ich würde sagen, dass man solch ein Netz am besten dazu nutzen könnte, Fische zu fangen«, sagte Kvasir.

»Ich habe genug von dir und deinem Blödsinn.« Thor seufzte. »Man fängt also Fische damit? Nun, was soll's? Loki muss hungrig gewesen sein, also wollte er Fische fangen. Loki erfindet Dinge. Darin ist er gut. Er ist immer schlau gewesen. Deswegen haben wir ihn ja auch bei uns gehabt.«

»Du hast recht. Aber wenn du Loki wärest: Warum würdest du etwas erfinden, um Fische zu fangen, und dein Netz dann ins Feuer werfen, wenn du merkst, dass wir kommen?«

»Weil …« Thor legte seine Stirn in Falten und dachte so angestrengt darüber nach, dass an den Berggipfeln in der Ferne dumpfer Donner ertönte. »Ähm …«

»Ganz genau. Weil du nicht wollen würdest, dass wir es finden. Und der einzige Grund dafür ist, dass wir, die Götter Asgards, dich damit nicht fangen sollen.«

Thor nickte langsam und sagte: »Ich verstehe.« Und dann: »Ja, ich glaube, ich verstehe.« Und schließlich sagte er: »Das heißt also, Loki …«

»… versteckt sich im tiefen Wasser am Fuße des Wasserfalls in Gestalt eines Fisches. Ja, ganz genau! Ich wusste, dass du am Ende daraufkommen würdest, Thor.«

Thor nickte begeistert, war sich jedoch keineswegs sicher, wie er von der Asche auf dem Boden zu diesem Schluss gekommen war. Umso froher aber war er, dass er nun wusste, wo Loki sich verbarg.

»Ich werde zum Wasser hinuntergehen mit meinem Hammer«, sagte Thor. »Und dann werde ich … Ich werde …«

»Wir werden mit einem Netz dort hinuntergehen müssen«, sagte Kvasir, der weise Gott.

Kvasir nahm das verbliebene Nesselgarn und das Holzschiffchen. Er band das Ende des Fadens an das Stöckchen und wand dann den Faden darum, wob ihn hinein und herum und hindurch. Er zeigte den anderen Göttern, wie es ging, und bald schon knüpften und knoteten sie alle. Die fertigen Netze befestigte er aneinander, bis sie ein Netz hatten, das so groß war wie der Teich unter dem Wasserfall. Damit kletterten sie hinab bis zum Fuße des Berges.

Es gab einen Bach, der aus dem Wasserbecken hinausführte und zur See floss.

Als sie den Fuß von Franangs Wasserfall erreicht hatten, entrollten die Götter das Netz, das sie geknüpft hatten. Das Netz war riesig und schwer und lang genug, um von einem Ende des Beckens bis zum anderen zu reichen. Alle Krieger der Asen waren nötig, um ein Ende davon hochzuhalten, während Thor das andere Ende anhob.

Die Götter begannen direkt unter dem Wasserfall und wateten durch das Becken, bis sie auf der anderen Seite angekommen waren. Sie fingen jedoch nichts.

»Irgendetwas tummelt sich da unten«, sagte Thor. »Ich habe den Widerstand am Netz gespürt. Aber es ist tiefer hinabgeschwommen, in den Schlamm, und das Netz ging darüber hinweg.«

Kvasir kratzte sich nachdenklich am Kinn. »Kein Problem. Wir müssen das Ganze wiederholen, aber diesmal werden wir unser Netz beschweren, damit nichts darunter hindurchkommt.«

Die Götter sammelten schwere Steine mit Löchern darin, und banden jeden Stein als Gewicht an das Netz.

Wieder wateten die Götter durch das Becken.

Loki war sehr zufrieden mit sich gewesen, als die Götter zum ersten Mal sein Gewässer betreten hatten. Er war einfach zum schlammigen Grund hinabgeschwommen, zwischen zwei flache Steine geschlüpft und hatte gewartet, bis das Netz sich über ihm wieder gehoben hatte.

Nun aber war er beunruhigt. Tief unten in der Dunkelheit und Kälte zerbrach er sich den Kopf.

Er konnte sich in nichts anderes verwandeln, bevor er das Wasser verließ, und sobald er es tat, würden die Götter sofort hinter ihm her sein. Nein, es war sicherer, in der Gestalt des Lachses zu bleiben. Doch als Lachs saß er in der Falle. Er würde tun müssen, was die Götter nicht erwarteten.

Natürlich gingen sie davon aus, dass er versuchen würde, ins offene Meer zu entkommen – dort wäre er schließlich sicher, selbst wenn er im Fluss, der vom Teich zur Bucht führt, leicht zu erkennen und zu fangen sein würde.

Was die Götter gewiss nicht erwarteten, war, dass er auf demselben Weg zurückschwimmen würde, auf dem er gekommen war. Den Wasserfall hinauf.

Die Götter schleiften ihr Netz über den Grund des Beckens.

Sie konzentrierten sich ganz auf das, was in der Tiefe vor sich ging, und so überraschte es sie, als ein riesiger silberner Fisch, größer als jeder Lachs, den sie jemals gesehen hatten, mit einem Schlag seiner Schwanzflosse über das Netz sprang und begann, in die Höhe zu schwimmen.

Der riesige Lachs schwamm den Wasserfall hinauf, sprang in die Höhe und widersetzte sich der Schwerkraft, als wäre er in die Luft geschleudert worden.

Kvasir rief den Asen zu, sie sollten zwei Gruppen bilden und sich an beiden Seiten des Netzes aufstellen. »Er wird nicht lange im Wasserfall bleiben. Dort ist er zu auffällig. Sein einziger Ausweg besteht darin, es ins Meer hinaus zu schaffen. Ihr geht von beiden Seiten auf ihn zu, mit dem Netz zwischen euch. Und du, Thor, watest durch das Becken. Wenn Loki erneut versucht, übers Netz zu springen, musst du ihn aus der Luft greifen, wie ein Bär einen Lachs fängt. Lass ihn nur nicht entkommen! Er ist verschlagen.«

Thor sagte: »Ich habe schon gesehen, wie Bären Lachse aus der Luft fangen. Ich bin stark und ebenso flink wie ein Bär. Ich werde ihn festhalten.«

Die Götter begannen, das Netz stromaufwärts zu ziehen, auf die Stelle zu, an der der riesige silberne Lachs sich im Wasser hielt. Loki schmiedete emsig seinen Plan.

Als das Netz näher kam, wusste Loki genau, wann der heikelste Moment gekommen war. Er musste wie zuvor schon aus dem Netz hinausspringen, doch diesmal würde er so schnell wie möglich ins Meer schwimmen. Er spannte sich an, wie eine Feder kurz vor dem Zurückschnellen, und im nächsten Augenblick schoss er in die Höhe.

Thor war schnell. Er sah den silbernen Lachs im Sonnenlicht schimmern und packte mit gewaltigen Händen zu, genau wie ein hungriger Bär einen Lachs aus der Luft fängt. Doch Lachse sind glitschige Fische, und Loki war der glitschigste aller Lachse. Er wand sich und versuchte, durch Thors Finger zu entschlüpfen, aber Thor packte nur umso fester zu und quetschte seine Schwanzflosse.

Man sagt, seitdem hätten alle Lachse eine flachere Schwanzflosse.

Die Götter eilten mit dem Netz herbei, wickelten es eng um den Fisch und trugen ihn davon. Der

Lachs begann zu ersticken, keuchte nach Wasser, und dann schlug er um sich und zuckte, und einen Augenblick später trugen sie den nach Luft schnappenden Loki zwischen sich.

»Was tut ihr denn?«, fragte er. »Wohin bringt ihr mich?«

Thor schüttelte den Kopf und schnaufte, antwortete aber nicht. Loki fragte die anderen Götter, aber keiner von ihnen sagte ihm, was sie vorhatten, und keiner von ihnen schaute ihm in die Augen.

III

Die Götter betraten die Höhle und stiegen, mit dem gefesselten Loki zwischen sich, tief hinunter in die Erde. Tropfsteine hingen von der Höhlendecke, und um sie herum flatterten die Fledermäuse hin und her. Sie stiegen noch tiefer hinab. Bald war der Weg zu eng, um Loki zu tragen, also ließen sie ihn zwischen sich laufen. Thor blieb direkt hinter ihm, eine Hand auf Lokis Schulter.

Sie gingen einen langen, langen Weg hinab.

In der allertiefsten Höhle brannten Fackeln, und drei Gestalten warteten dort. Loki erkannte sie, bevor er ihre Gesichter sah, und ihn packte die Angst. »Nein! Tut ihnen nichts. Sie haben nichts getan.«

Thor sagte: »Es sind deine Söhne und deine Frau, Loki Lügenschmied.«

Drei große flache Felsen befanden sich in der Höhle. Die Asen legten sie auf die Seite, und Thor zog seinen Hammer hervor. In jeden Stein schlug er ein Loch.

»Bitte! Lasst unseren Vater gehen«, sagte Narfi, Lokis Sohn.

»Er ist unser Vater«, sagte Vali, Lokis anderer Sohn. »Ihr habt Eide geschworen, dass ihr ihn nicht töten werdet. Er ist ein Blutsbruder und ein Eidbruder Odins, des Höchsten der Götter.«

»Wir werden ihn nicht töten«, entgegnete Kvasir. »Sag mir, Vali, was ist das Schlimmste, das ein Bruder dem anderen antun kann?«

»Dass ein Bruder seinen Bruder betrügt«, sagte Vali, ohne zu zögern. »Und dass ein Bruder seinen Bruder mordet, wie Höd Balder ermordet hat. Das ist wahrlich abscheulich.«

Kvasir sagte: »Es ist wahr, dass Loki ein Blutsbruder der Götter ist und wir ihn nicht töten können. Aber wir sind durch keinerlei Eid an euch gebunden, seine Söhne.«

Und Kvasir sprach Worte zu Vali, Worte der Macht, Worte, die ihn verwandelten.

Seine menschliche Gestalt fiel von ihm ab, und wo Vali gestanden hatte, stand nun ein Wolf mit Schaum vorm Maul. Valis Verstand verschwand aus seinen gelben Augen, und an seine Stelle

traten Hunger, Wut und Wahnsinn. Er blickte die Götter an, blickte Sigyn an, die seine Mutter gewesen war, und schließlich sah er Narfi. Ein tiefes, langes Knurren entfuhr seiner Kehle, und sein Nackenfell sträubte sich.

Narfi trat einen Schritt zurück, nur einen Schritt, und dann war der Wolf auf ihm.

Narfi war tapfer. Er schrie nicht, nicht einmal, als der Wolf, der einmal sein Bruder gewesen war, ihn zerfleischte, ihm die Kehle herausriss und seine Eingeweide auf den Höhlenboden spuckte. Der Wolf, der Vali gewesen war, heulte einmal auf, lang und laut, durch blutgetränkte Kiefer. Dann sprang er hoch über die Köpfe der Götter, wetzte in die Höhlenfinsternis hinein und ward nicht wieder in Asgard gesehen bis zum Ende aller Dinge.

Die Götter zwangen Loki, sich auf die drei großen Steine zu legen. Einen der Steine schoben sie unter seine Schultern, einen unter seine Lenden und einen unter seine Knie. Die Götter nahmen Narfis herausgerissene Eingeweide, drückten sie durch die Löcher in den Steinen und banden damit Lokis Hals und seine Schultern fest. Sie wickelten die Gedärme seines Sohns um seine Lenden und seine Hüfte und banden seine Knie und Beine so fest, dass er sich kaum noch bewegen konnte. Dann verwandelten die Götter die Eingeweide von Lokis ermordetem Sohn in Fesseln, die so fest und so hart waren, dass sie ebenso gut aus Eisen hätten sein können.

Sigyn, Lokis Frau, hatte mit angesehen, wie ihr Gatte mit den Gedärmen ihres Sohnes gebunden worden war, und sie sagte kein Wort. Leise beweinte sie die Schmerzen ihres Mannes, den Tod und die Entehrung ihrer Söhne. In ihren Händen hielt sie eine Schale, auch wenn sie noch nicht wusste, weshalb. Bevor sie von den Göttern hierhergebracht worden war, hatten sie ihr aufgetragen, in ihre Küche zu gehen und die größte Schale zu holen, die in ihrem Besitz war.

Skadi, die Riesentochter des toten Thjazi, die Frau von Njörd mit den schönen Füßen, betrat die Höhle. Sie trug etwas Großes in ihren Händen, etwas, das sich wand und krümmte. Sie beugte sich über Loki, legte das Etwas auf ihn und wickelte es um die Tropfsteine, sodass der Kopf des Wesens direkt über Lokis Kopf hing.

Es war eine Schlange mit kalten Augen, deren Zunge zitternd aus ihrem Maul schoss und von deren Fangzähnen Gift tropfte. Sie zischte, und etwas von ihrem Gift tropfte auf Lokis Gesicht, sodass seine Augen zu brennen begannen.

Loki schrie auf und strampelte, er zuckte und wand sich vor Schmerz. Er versuchte auszuweichen, den Kopf unter dem Gift wegzuziehen. Doch die Fesseln, die einmal die Eingeweide seines eigenen Sohnes gewesen waren, hielten ihn fest.

Mit grimmiger Zufriedenheit auf ihren Gesichtern verließen die Götter nacheinander den Ort.

Kvasir blieb zurück. Sigyn schaute ihren gefesselten Gatten an und den ausgeweideten Leichnam ihres vom Wolf gerissenen Sohnes.

»Was werdet ihr mit mir tun?«, fragte sie.

»Nichts«, antwortete Kvasir. »Du wist nicht bestraft. Du magst tun, was du willst.« Und damit verließ auch er die Höhle.

Ein weiterer Tropfen des Schlangengiftes fiel auf Lokis Gesicht. Er schrie und wand sich, strampelte in seinen Fesseln. So wild warf Loki sich hin und her, dass die gesamte Erde erzitterte.

Sigyn hob die Schale und ging zu ihrem Mann. Sie sagte nichts – was hätte sie auch sagen sollen? –, stellte sich neben Lokis Kopf und fing, mit Tränen in den Augen, jeden Tropfen des Giftes auf, der aus den Fangzähnen der Schlange fiel.

All dies geschah vor langer, langer Zeit, in jenen kaum vorstellbaren Tagen, als die Götter noch auf der Erde umhergingen. So lange her ist es, dass sich die Berge jener Tage abgetragen haben und aus den tiefsten Seen trockenes Land geworden ist.

Doch Sigyn harrt heute noch ebenso wie damals neben Lokis Kopf aus und schaut hinab auf sein wunderschönes, schmerzverzerrtes Gesicht.

Die Schale in ihren Händen füllt sich langsam. Ein Tropfen nach dem anderen fällt hinein, und irgendwann erreicht das Gift den Rand. Dann, und wirklich erst dann, wendet sich Sigyn von Loki ab. Sie schüttet die Schale aus, und währenddessen fällt das Schlangengift auf Lokis Gesicht und dringt in seine Augen. Er verkrampft sich, zuckt und zittert, bäumt sich auf und reißt und strampelt so sehr, dass die ganze Erde bebt.

Wenn das passiert, sagen wir hier in Midgard, dass es ein Erdbeben gegeben hat.

Es heißt, Loki wird dort unten in der Finsternis der Erde gefesselt bleiben, und es heißt, dass Sigyn ihm zur Seite stehen und die Schale halten wird, um jeden Tropfen des Giftes über seinem Gesicht aufzufangen und ihm zuzuflüstern, dass sie ihn liebt, bis die Ragnarök anbrechen und mit ihnen das Ende aller Tage.

RAGNARÖK: DAS SCHICKSAL DER GÖTTER

I

Bis jetzt habe ich euch von Dingen erzählt, die in der Vergangenheit geschehen sind – von Dingen, die sich vor langer Zeit ereignet haben.

Nun werde ich euch von den Tagen erzählen, die noch kommen.

Ich werde euch erzählen, wie alles enden und wie alles von Neuem beginnen wird. Es sind finstere Tage, von denen ich euch nun berichte, finstere Tage und geheime Dinge über das Ende der Erde und das Ende der Götter. Hört mir zu, dann werdet ihr es erfahren.

So werden wir wissen, dass die Endzeit über uns gekommen ist: Es wird lange nach dem Zeitalter der Götter sein, in der Zeit der Menschen. Es wird passieren, wenn alle Götter schlafen, alle außer dem alles sehenden Heimdall. Er wird beobachten, wie es seinen Anfang nimmt, auch wenn er keine Macht haben wird, das, was er kommen sieht, zu verhindern. Beginnen wird es im Winter.

Es wird kein gewöhnlicher Winter sein. Dieser Winter wird anbrechen, und er wird immer weitergehen. Ein Winter wird auf den nächsten folgen; es wird keinen Frühling geben und keine Wärme. Die Menschen werden hungern, und sie werden frieren, und sie werden wütend sein. Zu großen Schlachten wird es kommen überall auf der Welt.

Brüder werden gegen Brüder kämpfen, Väter ihre Söhne töten. Mütter und Töchter werden einander feindlich gegenüberstehen. Schwestern werden in der Schlacht gegen Schwestern fallen und zusehen, wie ihre Kinder sich gegenseitig morden.

Dies wird das Zeitalter grausamer Winde, die Zeit der Menschen, die wie Wölfe sein werden und die übereinander herfallen wie wilde Tiere. Zwielicht wird sich über die Welt legen, und die Orte, in denen die Menschen leben, werden einstürzen. Kurz werden sie in Flammen stehen, dann zusammenbrechen und zu Asche und Staub zerfallen.

Dann, wenn die wenigen verbliebenen Menschen wie Tiere leben, wird die Sonne vom Himmel verschwinden, als wäre sie von einem Wolf verschlungen worden, und auch der Mond wird uns genommen werden, und niemand wird mehr die Sterne sehen. Dunkelheit wird die Luft erfüllen wie dicker Aschenebel.

Dies wird die Zeit des schrecklichen, niemals endenden Winters sein: der Fimbulwinter.

Schnee wird aus allen Richtungen fallen, schneidende Winde werden wehen, und es wird eine Kälte herrschen, kälter als ihr es euch jemals vorstellen könnt. Eine Eiseskälte, so kalt, dass eure Lungen schmerzen beim Atmen und die Tränen in euren Augen einfrieren. Kein Frühling wird kommen und Erleichterung bringen, kein Sommer und kein Herbst. Nur Winter, auf den Winter folgt, nach dem nur immer Winter kommt.

Die Zeit der großen Erdbeben wird anbrechen. Die Berge werden zittern und einstürzen. Bäume werden fallen, und alle Orte zertrümmert, an denen noch Menschen leben.

Die Erdbeben werden so gewaltig sein, dass alle Ketten und Fesseln und Stricke reißen.

Alle.

Auch Fenrir, der große Wolf, wird seine Ketten abwerfen. Sein Maul wird offen stehen: Sein Oberkiefer wird bis zum Himmel reichen, sein Unterkiefer die Erde berühren. Es gibt nichts, das er nicht fressen kann, nichts, das er nicht zerstören wird. Flammen werden aus seinen Augen und seinen Nüstern schießen.

Wohin der Fenriswolf zieht, folgt ihm flammende Zerstörung.

Es wird Fluten geben, da das Meer steigt und aufs Land drängt. Jörmungand, die Midgardschlange, riesig und gefährlich, wird sich in ihrer Wut winden und dem Land näher und näher kommen. Das Gift aus ihren langen Zähnen wird ins Wasser spritzen und alles Leben im Meer vergiften. Auch in die Luft wird sie ihr schwarzes Gift als feinen Nebel sprühen, sodass alle Seevögel sterben, die es einatmen.

Wo die Midgardschlange sich aufbäumt, wird kein Leben bleiben in der See. Nur die verwesten Leichen der Fische und der Wale, der Seehunde und der Meeresungeheuer werden in den Wellen treiben.

Und alle, die die Brüder erblicken, die Lokis Kinder sind, den Fenriswolf und die Midgardschlange, werden dem Tod ins Gesicht blicken.

Dies ist der Anfang vom Ende.

Der nebelverhangene Himmel wird aufbrechen mit dem Klang schreiender Kinder, und die Söhne von Muspell werden aus dem Himmel herabreiten, angeführt von Surt dem Feuerriesen, der sein Schwert zückt, das so hell brennt, dass kein Sterblicher es anzusehen vermag. Sie werden über die Regenbogenbrücke reiten, über Bifröst, und der Regenbogen wird unter ihnen zerfallen, sodass seine einst strahlenden Farben zu Kohle und Asche verblassen.

Es wird nie wieder einen Regenbogen geben.

Klippen werden in die See stürzen.

Nachdem Loki seinen Fesseln unter der Erde entkommen ist, wird er Steuermann sein auf dem Schiff Naglfar. Dies ist das größte Schiff, das es je gegeben hat; gebaut wurde es aus den Fingernägeln der Toten. Naglfar gleitet über den Fluten des Meeres dahin. Die Mannschaft hält Ausschau und sieht nur Totes, das auf der Wasseroberfläche treibt und verrottet.

Loki steuert das Schiff, aber sein Kapitän wird Hrym sein, der Anführer der Reifriesen. Alle überlebenden Reifriesen folgen Hrym, der unfassbar groß ist und der Menschheit feindlich gesinnt. Es sind Hryms Soldaten, die in der letzten Schlacht kämpfen.

Lokis Truppen bilden die Legionen der Hel. Dies sind die ruhelosen Toten, jene, die schändliche Tode starben. Sie werden zur Erde zurückkehren, um noch einmal als wandelnde Leichname zu kämpfen, wild entschlossen, alles zu zerstören, das auf der Erde liebt und lebt.

Sie alle, die Riesen und die Toten und die flammenden Muspellsöhne, werden zum Schlachtfeld reisen, das man Vigrid nennt und das mit einem Durchmesser von dreihundert Meilen unfassbar groß ist. Auch den Fenriswolf führt sein Weg dorthin, und die Midgardschlange wird die Fluten der See durchqueren, bis sie in die Nähe von Vigrid kommt. Dann wird sie sich aufbäumen und sich an Land und über den Strand ziehen – nur ihren Kopf und die erste Meile ihres Körpers. Ihr größter Teil wird in der See bleiben.

Sie alle werden sich in Schlachtordnung aufstellen: Surt und die Muspellsöhne werden in Flammen stehen, die Krieger von Hel und Loki werden aus ihrem unterirdischen Reich heraufgekommen sein, ebenso werden die Reifriesen – Hryms Truppen – dort stehen, und der Schlamm wird unter ihren Füßen gefrieren. Fenrir wird bei ihnen sein und die Midgardschlange. Die schlimmsten Feinde, die man sich nur vorstellen kann, werden an jenem Tag zusammenkommen.

Heimdall wird all das sehen, wenn es sich ereignet. Er sieht schließlich alles, er ist der Wächter der Götter. Und jetzt, genau jetzt, wird er handeln.

Heimdall wird in das Gjallarhorn blasen, das Horn, das einst Mimir gehörte, und er wird mit all seiner Kraft hineinblasen. Asgard wird unter diesem Ton erzittern, und in ebendiesem Augenblick werden die Götter erwachen. Sie werden nach ihren Waffen greifen und sich unter Yggdrasill an Urds Brunnen versammeln, um den Rat und den Segen der Nornen einzuholen.

Odin wird auf seinem Pferd Sleipnir zu Mimirs Brunnen reiten und Mimirs Kopf um Rat bitten, für sich und die Götter. Mimirs Kopf wird Odin sein Wissen um die Zukunft zuflüstern, genau wie ich es jetzt euch erzähle.

Was Mimir Odin zuflüstert, wird dem Allvater Hoffnung geben, obgleich alles finster erscheint.

Die große Esche Yggdrasill, der Weltenbaum, wird erzittern wie ein Blatt im Wind. Die Asen und mit ihnen die Einherjer, all die Krieger, die in der Schlacht einen ehrenvollen Tod gestorben sind, werden sich zum Kriege rüsten. Gemeinsam werden sie hinausreiten nach Vigrid, auf das letzte Schlachtfeld.

Odin wird an der Spitze ihrer Heeres reiten. Seine Rüstung leuchtet, und er trägt einen goldenen Helm. Thor wird neben ihm reiten, mit Mjöllnir in der Hand.

Erreichen sie das Schlachtfeld, wird die letzte Schlacht ihren Anfang nehmen.

Odin reitet direkt auf Fenrir den Wolf zu, der so groß geworden ist, dass man es sich nicht mehr vorstellen kann. Der Allvater hält Gungnir, seinen Speer, in seiner Faust.

Thor wird sehen, dass sich Odin den großen Wolf vornimmt, und Thor wird lächeln und seine Böcke mit der Peitsche antreiben, auf dass sie schneller laufen. Er wird auf die Midgardschlange zurasen, den Hammer in seinem eisernen Kampfhandschuh.

Frey wendet sich dem flammenden und ungeheuerlichen Surt zu. Surts brennendes Schwert ist riesig, und es brennt auch, wenn er damit fehlt. Frey kämpft hart und gut, aber er wird der Erste der Asen sein, der fällt: Sein Schwert und seine Rüstung haben Surts brennendem Schwert nichts entgegenzusetzen. Im Tode wird Frey sein Schwert vermissen und bereuen, dass er es, in seiner Liebe zu Gerd, vor so langer Zeit Skirnir überlassen hat. Jenes Schwert hätte ihn gerettet.

Der Lärm wird ohrenbetäubend sein: Die Einherjer, Odins edle Krieger, werden in der Feldschlacht den boshaften Toten gegenüberstehen, Lokis Truppen.

Der Totenhund Garm wird heulen. Er ist kleiner als Fenrir, aber der mächtigste und gefährlichste aller Hunde. Auch er ist seinen Ketten unter der Erde entflohen und zurückgekehrt, um die Kehlen aller Krieger auf der Erde herauszureißen.

Tyr wird ihn aufhalten, Tyr, der Einhändige. Sie werden gegeneinander kämpfen, Mann gegen Albtraumhund. Tyr kämpft tapfer, aber die Schlacht wird ihrer beider Tod bringen. Garm stirbt mit seinen Zähnen in Tyrs Kehle.

Thor aber wird endlich die Midgardschlange töten, wie er es sich seit so langer Zeit wünscht. Mit seinem Hammer schlägt er den großen Schädel der Schlange ein und muss zurückspringen, da der Schlangenkopf aufs Schlachtfeld niederstürzt.

Thor ist gute drei Meter entfernt, als er auf dem Boden aufschlägt, aber das genügt nicht. Noch in ihrem Tod leert die Schlange ihre Giftsäcke in einem dicken schwarzen Nebel über dem Donnergott.

Thor stöhnt auf vor Schmerz und fällt leblos zu Boden, vergiftet von der Kreatur, die er erschlagen hat.

Odin wird tapfer gegen Fenrir kämpfen, aber der Wolf ist riesiger und gefährlicher als alles, was möglich ist. Er ist größer als die Sonne, größer als der Mond. Odin schleudert ihm seinen Speer ins Maul, aber ein Biss genügt, und der Speer ist verschluckt. Noch ein Biss und ein Knacken und ein Schlucken – und Odin der Allvater, größter und weisester aller Götter, ist ebenso fort und wird nie wiedergesehen.

Odins Sohn Vidar, der schweigende Gott, der verlässliche Gott, wird sehen, wie sein Vater stirbt. Vidar wird vorstürzen, da Fenrir sich hämisch über Odins Tod freut und seinen Fuß in den Unterkiefer des Wolfes rammen.

An einem von Vidars Füßen steckt ein gewöhnlicher Schuh, am anderen aber einer, der seit Anbeginn der Zeit gefertigt wird. Zusammengesetzt ist er aus all den fortgeworfenen Stücken, die die Menschen vom Leder schneiden, wenn sie sich selbst Schuhe fertigen.

(Wenn ihr den Asen in ihrer letzten Schlacht helfen wollt, solltet ihr also eure Lederreste fortwerfen. Alle weggeworfenen Fetzen und Abfälle der Schuhe werden Teil sein von Vidars Schuh.)

Dieser Schuh wird den Unterkiefer des großen Wolfes unten halten, sodass er sich nicht mehr bewegen kann. Mit einer Hand wird Vidar dann den Oberkiefer des Wolfes packen und sein Maul auseinanderreißen. So wird Fenrir sterben, und so wird Vidar seinen Vater rächen.

Auf dem Schlachtfeld namens Vigrid werden die Götter fallen im Kampf gegen die Reifriesen, und die Reifriesen werden fallen im Kampf gegen die Götter. Die untoten Truppen der Hel werden den Boden übersäen und ihren letzten Tod sterben. Die edlen Einherjer werden neben ihnen auf der gefrorenen Erde liegen, auch sie allesamt zum letzten Mal gestorben unter dem leblosen Nebelhimmel, und nie wieder werden sie auferstehen, nie wieder erwachen und kämpfen.

Von Lokis Legionen wird nur Loki selbst noch aufrecht stehen, blutbesudelt und mit wilden Augen, aber einem zufriedenen Lächeln auf den vernarbten Lippen.

Heimdall, der Wächter auf der Brücke, der Toreshüter der Götter, wird ebenfalls nicht gefallen sein. Er wird auf dem Schlachtfeld stehen mit seinem Schwert Hofud, das nass und blutig in seiner Hand liegt.

Sie werden einander über Vigrid entgegengehen, über Leichen steigen, durch Blut und Flammen waten, um einander zu erreichen.

»Ah«, wird Loki sagen. »Der schlammgeborene Wächter der Götter. Du hast die Götter zu spät geweckt, Heimdall. War es nicht eine Freude, sie sterben zu sehen, einen nach dem anderen?«

Loki wird Heimdalls Gesicht betrachten, nach einer Schwäche, nach einem Gefühl suchen, aber Heimdall wird ungerührt bleiben.

»Hast du nichts zu sagen, Heimdall, über die neun Mütter? Als ich unter die Erde verbannt war und mir das Gift der Schlange ins Gesicht tropfte, als die arme Sigyn neben mir stand, um so viel Gift wie möglich in ihrer Schale aufzufangen, als ich gefesselt mit den Eingeweiden meines Sohnes in der Dunkelheit lag, hat mich nur eines vorm Wahnsinn bewahrt: der Gedanke an diesen Augenblick. In meinem Kopf habe ich ihn gesehen und mir die Tage vorgestellt, wenn meine wunderschönen Kinder und ich die Zeit der Götter beenden und das Ende der Welt einläuten werden.«

Heimdall wird immer noch nichts sagen, aber er wird zuschlagen, hart zuschlagen. Sein Schwert wird gegen Lokis Rüstung krachen, und Loki wird parieren. Loki wird wild und schlau und voller Freude angreifen.

Und während sie kämpfen, werden sie sich erinnern, wie sie vor langer Zeit gekämpft haben, als die Welt einfacher gewesen war. In Seehunde verwandelt, hatten sie um den Halsschmuck der Brisinge gestritten: Loki hatte ihn auf Odins Befehl von Freyja gestohlen, und Heimdall hatte ihn zurückgeholt.

Loki vergisst niemals eine Beleidigung.

Sie werden kämpfen, werden zuschlagen und stechen und aufeinander einhacken.

Sie werden kämpfen, und sie werden fallen, Heimdall und Loki; nebeneinander sinken sie nieder, beide tödlich verwundet.

»Es ist getan«, flüstert Loki, als er auf dem Schlachtfeld stirbt. »Ich habe gesiegt.«

Daraufhin wird Heimdall grinsen in seinem Todeskampf, durch goldene Zähne hindurch und durch Speichel und Blut. »Ich kann weiter sehen als du«, wird Heimdall zu Loki sagen. »Odins Sohn Vidar hat deinen Sohn, den Fenriswolf getötet. Vidar überlebt, ebenso wie Odins Sohn Vali, sein Bruder. Thor ist tot, aber seine Kinder Magni und Modi leben. Sie haben Mjöllnir aus der kalten Hand ihres Vaters genommen. Sie sind stark genug und edel genug, um ihn zu führen.«

»Nichts davon spielt eine Rolle. Die Welt brennt«, sagt Loki. »Die Sterblichen sind tot. Midgard ist zerstört. Ich habe gesiegt.«

»Ich kann weiter sehen als du, Loki. Ich kann bis hin zum Weltenbaum schauen«, wird Heimdall ihm mit seinen letzten Atemzügen sagen. »Surts Feuer kann dem Weltenbaum nichts anhaben, und zwei Menschen haben sich sicher im Stamm des Weltenbaums versteckt. Die Frau heißt Leben, der Mann heißt Lebenswille. Ihre Nachkommen werden die Erde bevölkern. Dies ist nicht das Ende. Es gibt kein Ende. Es ist lediglich das Ende der alten Zeit, Loki, und der Beginn der neuen Zeit. Auf den Tod folgt immer Wiedergeburt. Du bist gescheitert.«

Loki würde etwas sagen, etwas Bissiges und Kluges und Verletzendes, aber er wird sein Leben schon verloren haben und all seine Listigkeit und all seine Grausamkeit, und er wird nichts sagen, niemals wieder. Reglos und kalt wird er neben Heimdall auf dem gefrorenen Schlachtfeld liegen.

Surt, der Feuerriese, den es schon vor dem Anbeginn aller Dinge gegeben hat, wird nun über das weite Totenfeld schauen und sein leuchtendes Schwert gen Himmel heben. Es wird ein Geräusch geben, als gingen tausend Wälder gleichzeitig in Flammen auf, und die Luft selbst wird brennen.

Die Welt wird eingeäschert in Surts Flammen, und die über die Ufer getretenen Ozeane werden dampfen. Die Feuer wüten und flackern und verlöschen schließlich, und dann wird schwarze Asche vom Himmel fallen wie Schnee.

Im Zwielicht lässt sich dort, wo Lokis und Heimdalls tote Körper einst nebeneinanderlagen, nichts mehr erkennen außer zwei Haufen grauer Asche auf dem verkohlten Grund, während der Rauch sich mit dem Nebel des Morgens verbindet. Nichts wird bleiben von den Armeen der Lebenden und der Toten, von den Träumen der Götter und der Tapferkeit ihrer Krieger, nichts als Asche.

Bald danach wird der angeschwollene Ozean die Asche verschlucken, während er übers Land hinwegspült, und alles Lebendige wird vergessen sein unter dem sonnenlosen Himmel.

So also wird die Welt untergehen, in Asche und Fluten, in Finsternis und Eis. Dies ist das Schicksal der Götter.

II

Das ist das Ende. Aber da ist auch das, was nach dem Ende kommen wird.

Aus den grauen Wassern des Ozeans wird sich ein weiteres Mal die grüne Erde erheben.

Die Sonne wird verschlungen worden sein, aber die Tochter der Sonne wird anstelle ihrer Mutter scheinen, und die neue Sonne wird noch heller sein als die alte, wird mit jungem, neuem Licht leuchten.

Die Frau und der Mann, Leben und Lebenswille, werden aus dem Inneren der Esche treten, die die Welten zusammenhält. Sie werden sich mit dem Tau der grünen Erde nähren, und sie werden einander lieben, und aus ihrer Liebe wird die Menschheit erwachsen.

Asgard wird es nicht mehr geben, aber Idavöll wird stehen, wo Asgard einst stand, herrlich und fortdauernd.

Odins Söhne Vidar und Vali werden in Idavöll eintreffen. Als Nächstes werden Thors Söhne Modi und Magni folgen. Sie werden Mjöllnir zwischen sich tragen, denn nun, da Thor nicht mehr da ist, sind zwei Träger nötig. Balder und Höd werden aus der Unterwelt zurückkehren, und zu sechst

werden sie im Sonnenschein sitzen und miteinander reden, werden sich an Geheimnisse erinnern und darüber sprechen, was man hätte anders machen sollen und ob das Ergebnis des Spiels unabwendbar war.

Sie werden von Fenrir sprechen, dem Wolf, der die Sonne verschlungen hat, und von der Midgardschlange, und sie werden sich an Loki erinnern, der zu den Göttern gehört hat und doch keiner von ihnen war, der die Götter rettete und sie zerstörte.

Und dann wird Balder sagen: »Seht! Was ist das?«

»Was?«, fragt Magni.

»Dort. Es glitzert im hohen Gras. Seht ihr es? Und dort. Schaut, dort ist noch eines.«

Die Götter gehen auf die Knie im hohen Gras, knien sich hin wie Kinder.

Magni, Thors Sohn, findet als Erster etwas im Gras, und als er es entdeckt, weiß er sofort, was es ist. Es ist eine goldene Schachfigur, von der Art, mit der die Götter gespielt haben, als sie noch am Leben gewesen waren. Es ist eine winzige goldene Schnitzfigur von Odin dem Allvater auf seinem hohen Thron: der König.

Sie finden weitere Figuren. Hier ist Thor, der seinen Hammer hebt. Dort Heimdall, sein Horn an den Lippen. Frigg, Odins Frau, ist die Königin.

Balder hält eine der kleinen goldenen Spielfiguren hoch. »Diese hier sieht aus wie du«, sagt Modi.

»Das bin ich«, sagt Balder. »Das bin ich, vor langer Zeit, bevor ich starb und einer der Asen war.«

Sie finden weitere Figuren im Gras, einige wunderschön, einige weniger schön. Hier, halb vergraben in der schwarzen Erde, stecken Loki und seine monströsen Kinder. Dort ist ein Reifriese. Hier ist Surt, dessen Gesicht in Flammen steht.

Bald haben sie alle Figuren, die sie brauchen, um eine Partie Schach zu spielen. Sie stellen die Figuren an ihren Platz, und so stehen auf dem Spielbrett die Götter Asgards ihren ewigen Feinden gegenüber. Das taufrische Sonnenlicht leuchtet von den goldenen Schachfiguren an diesem vollkommenen Nachmittag.

Balder wird lächeln wie die aufgehende Sonne und die Hand ausstrecken, und er wird seinen ersten Spielzug machen.

Und so beginnt das Spiel von Neuem.

GLOSSAR

Ägir: Größter der Meeresriesen. Ehemann von Ran, Vater von neun Töchtern, die die Wellen des Ozeans sind.

Alfheim: Eine der neun Welten, bewohnt von den Lichtalben.

Amsvartnir: See mit der Insel, auf der der Fenriswolf angekettet ist.

Angrboda: Eine Riesin, Mutter von Lokis drei monströsen Kindern.

Asen: Göttergeschlecht. Sie leben in **Asgard**.

Ask: Der erste Mann, aus Eschenholz gefertigt.

Audumla: Die erste Kuh, deren Zunge die Vorfahren der Götter formte und aus deren Euter Flüsse aus Milch flossen.

Aurboda: Eine Bergriesin, Mutter von Gerd.

Balder: Bekannt als »der Schöne«. Odins zweiter Sohn, von allen geliebt, außer von Loki.

Barri: Die Insel, auf der Frey und Gerd heiraten.

Baugi: Ein Riese, Bruder von Suttung.

Beli: Ein Riese, den Frey mit einem Hirschgeweih tötet.

Bergelmir: Ymirs Enkel. Bergelmir und seine Frau waren die einzigen Riesen, die die Flut überlebt haben.

Bestla: Mutter von Odin, Vili und Ve und Ehefrau von Bor. Tochter eines Riesen namens Bolthorn. Schwester von Mimir.

Bifröst: Die Regenbogenbrücke, die Asgard und Midgard verbindet.

Bodn: Einer der beiden Met-Bottiche, die den Met der Dichtkunst enthalten. Der andere heißt **Son**.

Bölverk: Einer der Namen, unter denen Odin heimlich reist.

Bor: Ein Gott. Buris Sohn, verheiratet mit Bestla. Vater von Odin und Vili und Ve.

Bragi: Gott der Dichtkunst.

Breidablik: Balders Heimstatt, ein Ort der Freude, der Musik und des Wissens.

Brisingamen, Halsband der Brisinge: Eine schimmernde Kette, die Freyja gehört.

Brokk: Ein Zwerg, der große Schätze zu schmieden weiß. Bruder von Sindri.

Buri: Der Vorfahre der Götter, Vater von Bor und Odins Großvater.

Draupnir: Odins goldener Armring, der alle neun Nächte acht Armringe von gleicher Schönheit und gleichem Wert produziert.

Dromi: Eine Kette aus zweierlei Eisen, die Fenrir zerreißt.

Egil: Ein Bauer, Vater von Thjalfi und Röskva.

Einherjer: Die ehrenhaft Gefallenen, die in der Schlacht umgekommen sind und nun in Walhall zechen und kämpfen.

Elli: Eine alte Amme, die eigentlich das hohe Alter ist.

Embla: Die erste Frau, aus einer Ulme entstanden.

Farbauti: Lokis Vater, ein Riese: »der gefährliche Schläge austeilt«.

Fenrir, der Fenriswolf: Ein Wolf, Lokis Sohn mit Angrboda.

Fimafeng: Diener von Ägir, der von Loki getötet wird.

Fimbulwinter: Der Winter vor den Ragnarök, der niemals endet.

Fjalar: Der Bruder von Galar und Mörder von Kvasir.

Fjölnir: Sohn von Frey und Gerd und erster König von Schweden.

Forseti: Sohn von Balder und Nanna.

Wasserfall von Franang: Hoher Wasserfall, in dem sich Loki in Gestalt eines Lachses verbirgt.

Frey: Ein Gott der Vanen, der bei den Asen lebt. Freyjas Bruder.

Freyja: Eine Göttin der Vanen, die bei den Asen lebt. Freys Schwester.

Frigg: Odins Gattin, die Königin der Götter. Mutter von Balder.

Fulla: Eine Göttin, Friggs Zofe.

Galar: Einer der Dunkelalben. Bruder von Fjalar und Mörder von Kvasir.

Garm: Ein monströser Hund, der an den Ragnarök Tyr tötet und von ihm getötet wird.

Gerd: Eine strahlend schöne Riesin, in die Frey sich verliebt.

Gilling: Ein Riese, wird von Fjalar und Galar getötet, Vater von Suttung und Baugi.

Ginnungagap: Eine klaffende Lücke zwischen Muspell (der Feuerwelt) und Niflheim (der Nebelwelt) zum Beginn der Schöpfung.

Gjallarhorn: Heimdalls Horn, das von Mimirs Brunnen mitgenommen wurde.

Gleipnir: Magische Kette, von den Zwergen geschmiedet und von den Göttern genutzt, um Fenrir zu fesseln.

Grimnir: »Der Maskierte«, ein Name für Odin.

Grinser, Tanngrisnir: »Zähnefletscher«, einer der zwei Böcke, die Thors Streitwagen ziehen.

Gullinborsti: Der goldene Eber, den die Zwerge für Frey geschaffen haben.

Gungnir: Odins Speer. Er verfehlt nie sein Ziel, und Eide, die auf Gungnir geschworen werden, sind unverbrüchlich.

Gunnlöd: Eine Riesin, Tochter von Suttung, deren Aufgabe es ist, den Dichtermet zu bewachen.

Gymir: Ein Erdriese, Gerds Vater.

Heidrun: Eine Ziege, die statt Milch Met gibt. Davon nähren sich die Gefallenen in Walhall.

Heimdall: Der weitblickende Wächter der Götter.

Hel: Lokis Tochter mit Angrboda. Sie herrscht über Hel, das Reich der unehrenhaften Toten, die nicht tapfer in der Schlacht gefallen sind.

Hermod: Ein Sohn des Odin. Er reitet auf Sleipnir zu Hel, um sie zu bitten, Balder freizulassen.

Hlidskjalf: Odins Thron, von dem aus er die neun Welten sehen kann.

Hnitbjörg: Berg, in dem der Dichtermet von Gunnlöd bewacht wird.

Höd: Balders Bruder, ein blinder Gott.

Hönir: Ein alter Gott, der den Menschen den Verstand gab. Einer der Asen, zu den Vanen geschickt, um ihr König zu sein.

Hringhorni: Balders Schiff, das nur er bewegen kann.

Hrym: Der Anführer der Reifriesen bei den Ragnarök.

Hugi: Ein junger Riese, der schneller rennen kann als alles und jeder. In Wirklichkeit der Gedanke selbst.

Huginn: Einer von Odins beiden Raben. Sein Name bedeutet »Gedanke«.

Hvergelmir: Eine Quelle in Niflheim unter Yggdrasill, aus der viele andere Flüsse und Ströme entspringen.

Hymir: Ein König der Riesen.

Hyrrokkin: Eine Riesin, die stärker ist als Thor.

Idavöll: Die »wunderbare Fläche«, auf der Asgard erbaut wurde und zu der die überlebenden Götter nach den Ragnarök zurückkehren.

Idun: Eine Göttin der Asen. Sie hütet die Äpfel der Unsterblichkeit, die den Göttern ewige Jugend schenken.

Söhne des Ivaldi: Die Zwerge erschaffen Skidbladnir, Freys außergewöhnliches Schiff, Gungnir, Odins Speer, und das neue, wunderschöne Goldhaar von Sif, Thors Frau.

Jörd: Thors Mutter, eine Riesin, die auch eine Erdgöttin war.

Jörmungand: Die Midgardschlange. Eins von Lokis Kindern und Thors Erzfeind.

Jötunheim: Jötunn bedeutet Riesen, und Jötunheim ist das Reich der Riesen.

Knirscher, Tanngnjóstr: »Zähneknirscher«, einer der zwei Böcke, die Thors Streitwagen ziehen.

Kvasir: Ein Gott, der aus dem vermischten Speichel der Asen und der Vanen erschaffen wurde. Gott der Weisheit, der von den Zwergen Galar und Fjalar ermordet wird, die aus seinem Blut den Dichtermet herstellen. Später kehrt er ins Leben zurück.

Laufey: Lokis Mutter. Auch Nal oder Nadel genannt, da sie so dünn war.

Lärad: Ein Baum, wahrscheinlich Teil von Yggdrasill, an dem die Ziege Heidrun frisst, die ihren Met den Kriegern von Walhall spendet.

Lit: Ein glückloser Zwerg.

Loki: Odins Blutsbruder, der Sohn von Farbauti und Laufey. Der raffinierteste, listigste aller Bewohner von Asgard. Er ist ein Gestaltenwandler, und seine Lippen sind vernarbt. Er besitzt Schuhe, die es ihm ermöglichen, am Himmel zu laufen.

Magni: Thors Sohn, »der Starke«.

Megingjörd: Thors Kraftgürtel. Trägt er ihn, ist er doppelt so stark.

Midgard: Unsere Welt, das Reich der Menschen.

Midgardschlange: Jörmungand.

Mimir: Odins Onkel und Hüter der Quelle der Weisheit in Jötunheim. Ein Riese, vielleicht auch einer der Asen. Er wurde von den Vanen geköpft, aber sein Kopf gibt immer noch Weisheiten von sich und wacht über die Quelle.

Mimirs Quelle: Eine Quelle oder ein Brunnen an den Wurzeln des Weltenbaums. Odin gab ein Auge, um einen Schluck des Wassers zu trinken, das in Heimdalls Gjallarhorn geschöpft wurde.

Mjöllnir: Thors erstaunlicher Hammer und sein wertvollster Besitz, von Sindri für ihn geschmiedet (Brokk bediente den Blasebalg).

Modgud: »Wilde Kämpferin«, die Hüterin der Brücke, die ins Land der Toten führt.

Modi: Thors Sohn, »der Mutige«.

Muninn: Einer von Odins Raben. Sein Name bedeutet »Erinnerung«.

Muspell: Die Feuerwelt, die zu Beginn der Schöpfung existiert. Eine der neun Welten.

Naglfar: Ein Schiff, erbaut aus den ungeschnittenen Finger- und Fußnägeln der Toten. Die Riesen und die Toten aus Hel, die zu den Ragnarök gegen die Götter und die Einherjer kämpfen, werden auf diesem Schiff kommen.

Nanna: Balders Frau.

Narfi: Der Sohn von Loki und Sigyn, Valis Bruder.

Nidavellir, auch **Svartalfheim**: Wo die Zwerge (auch Dunkelalben genannt) unter den Bergen leben.

Nidhögg: Ein Drache, der Leichen verschlingt und an den Wurzeln von Yggdrasill kaut.

Niflheim: Ein kalter, nebliger Ort am Beginn aller Tage.

Njörd: Ein Gott der Vanen, Vater von Frey und Freyja.

Nornen: Drei Schwestern, Urd, Verdandi und Skuld, die sich um den Brunnen von Urd kümmern und die Wurzeln von Yggdrasill, dem Weltenbaum, gießen. Zusammen mit anderen Nornen entscheiden sie darüber, was in eurem Leben geschieht.

Odin: Der höchste und älteste der Götter. Er trägt einen Mantel und einen Hut und hat nur ein Auge, da er das andere gegen mehr Weisheit eingetauscht hat. Er führt viele weitere Namen, unter anderem Allvater, Grimnir und der Galgengott.

Odrörir: Ein Kessel, in dem der Dichtermet gebraut wird, »der Anregende«.

Ran: Ehefrau des Seeriesen Ägir, Göttin derjenigen, die im Meer ertrinken, Mutter der neun Wellen.

Ratatosk: Ein Eichhörnchen, das in den Zweigen von Yggdrasill lebt und Nachrichten von Nidhögg, dem Leichenverschlinger an den Wurzeln, zu dem Adler im oberen Geäst trägt.

Rati: Der Bohrer der Götter.

Röskva: Schwester von Thjalfi, Thors menschlichem Diener.

Sährimnir: Eber, den die Einherjer täglich verspeisen.

Sif: Thors Gattin, sie hat goldene Haare.

Sigyn: Lokis Gattin, Mutter von Vali und Narfi. Nachdem Loki eingekerkert wurde, bleibt sie bei ihm und hält eine Schale, mit der sie Lokis Gesicht vorm Gift der Schlange schützt.

Sindri: Ein Zwerg, der große Schätze schmiedet, unter anderem Thors Hammer. Bruder von Brokk.

Skadi: Eine Riesin, Tochter des Riesen Thjazi. Sie heiratet Njörd.

Skidbladnir: Ein magisches Schiff, von den Söhnen des Ivaldi erschaffen. Es lässt sich zusammenfalten wie ein Schal.

Skirnir: Ein Lichtalb, Freys Diener.

Skrymir: »Großer Bursche«. Ein besonders großer Riese, den Loki, Thor und Thjalfi auf dem Weg nach Utgard treffen.

Skuld: Eine der Nornen. Ihr Name bedeutet »Zukunft«.

Sleipnir: Odins Pferd. Das schnellste aller Pferde mit acht Beinen, das Kind von Loki und Svadilfari.

Surt: Ein mächtiger Feuerriese, der ein flammendes Schwert schwingt. Surt existierte schon vor den Göttern. Hüter von Muspell, dem Feuerreich.

Suttung: Ein Riese, der Sohn von Gilling. Er rächt sich an den Mördern seiner Eltern.

Svadilfari: Ein Pferd, das dem Baumeister gehört, der die Mauer von Asgard errichtet. Vater von Sleipnir.

Thjalfi: Bruder von Röskva und Thors menschlicher Diener.

Thjazi: Ein Riese, der sich in einen Adler verwandelt, um Idun zu entführen. Vater von Skadi.

Thökk: Eine alte Riesin, deren Name »Dankbarkeit« bedeutet, die aber das einzige lebende Geschöpf ist, das den Tod Balders nicht betrauern will.

Thor: Odins rotbärtiger Sohn. Asengott des Donners. Der stärkste unter den Göttern.

Thrud: Thors Tochter, »die Mächtige«.

Thrym: König der **Thursen**, die besonders bösartige Riesen sind. Er verlangt Freyja zur Frau.

Tyr: Der einhändige Gott des Krieges, ein Sohn Odins, Stiefsohn von Hymir, dem Riesen.

Ull: Thors Stiefsohn. Ein Gott, der mit Pfeil und Bogen jagt und Ski fährt.

Urd: »Schicksal«, eine der drei Nornen. Sie bestimmt unsere Vergangenheit.

Urdsbrunnen: Der Brunnen, um den sich in Asgard die Nornen kümmern.

Utgard: Ein wildes Land der Riesen mit einem Schloss in seiner Mitte, das ebenfalls Utgard heißt.

Utgardloki: Der König der Riesen von Utgard.

Vali: Es gibt zwei Götter namens Vali. Einer ist der Sohn von Loki und Sigyn, der zu einem Wolf wird und seinen Bruder Narfi tötet. Der andere ist ein Sohn von Odin und Rind, empfangen, um Balders Tod zu rächen.

Vanen: Zweites Göttergeschlecht, das aus **Vanaheim** stammt.

Var: Göttin der Ehe.

Ve: Odins Bruder, ein Sohn von Bor und Bestla.

Veor: Name von Thor, den Tyr seiner Mutter nennt.

Verdandi: Eine der Nornen. Ihr Name bedeutet »werdend« und sie bestimmt unsere Gegenwart.

Vidar: Odins Sohn. Der stille und verlässliche Gott. Einer seiner Schuhe ist aus dem weggeworfenen Leder aller Schuhe gemacht, die je hergestellt wurden.

Vigrid: Das Feld, auf dem die große Schlacht der Ragnarök stattfinden wird.

Vili: Odins Bruder, ein Sohn von Bor und Bestla.

Walhall: Odins Halle, in der die ehrenhaft Gefallenen zechen, die in der Schlacht umgekommen sind.

Walküren: »Wähler der Gefallenen«, Odins Dienerinnen, die die Seelen der Toten, die tapfer auf dem Schlachtfeld gestorben sind, holen und nach Walhall bringen.

Yggdrasill: Der Weltenbaum.

Ymir: Das erste Lebewesen, ein Riese größer als Welten, der Vorfahre aller Riesen. Ymir wurde von der ersten Kuh, Audumla, genährt.

ANMERKUNGEN

Die Lieder-Edda (oder Ältere Edda) ist eine Sammlung von Dichtungen unbekannter Autoren in altisländischer Sprache, von denen einige einen mythologischen, andere einen rein poetologischen Charakter haben. Das berühmteste und bedeutendste dieser Gedichte ist die Völuspá, das erste der sechzehn Götterlieder, das dreiundsechzig Strophen umfasst. Darin teilt eine Riesin, die zugleich Prophetin und Seherin ist, Odin ihre Visionen mit.

Die Snorra-Edda, auch Prosa-Edda oder Jüngere Edda genannt, wurde um 1200 verfasst und enthält drei Abschnitte: Die Skáldskpatmál, ein Lehrbuch für die Skalden, die höfischen Dichter im mittelterlichen Skandinavien, über die Kunst der Poesie und den richtigen Gebrauch der Sprache, in der aber auch mehrere Sagen erzählt werden. Das Háttatal, ein Verzeichnis von 102 verschiedenen Versformen, und die Gylfaginning (»Gylfis Täuschung«), in der Gylfi, ein schwedischer König, verkleidet nach Asgard reist und sich mit den dortigen Herrschern trifft, dem Hohen, dem Gleichhohen und dem Dritten, um ihnen Fragen zu stellen. Viele der Geschichten aus diesem Buch stellen die Antworten dar, die er von ihnen bekommt.

Die Prosa-Edda wurde von Snorri Sturluson (1179 – 1241) geschrieben. Er hatte zweimal das Amt des Gesetzessprechers inne, die höchste politische Position des damaligen Islands. Er lebte als Politiker und Staatsmann und wurde im Alter von zweiundsechzig Jahren aus machtpolitischen Gründen von seinem Schwiegersohn ermordet. Er war zugleich Dichter und Historiker. Seine bedeutendsten Werke sind die Prosa-Edda und die Heimskringla, eine Geschichte der schwedischen Könige, die bis in die mythischen Zeitalter zurückreicht.

Edda ist das altisländische Wort für Urgroßmutter. Es handelt sich also womöglich um Großmuttergeschichten. Es gibt aber auch andere Erklärungen für den etymologischen Ursprung und die Bedeutung der Edda – so könnte der Titel auch vom altisländischen Wort für Dichtkunst stammen oder für »Das Buch von Oddi« stehen. Oddi wäre in diesem Fall der Hof, auf dem Snorri Sturluson aufgewachsen ist.

Vor dem Anfang und danach

Dieses Kapitel speist sich aus der Gylfaginning der Prosa-Edda sowie aus der Völuspá, der Grímnismál, und zu einem wesentlichen Teil aus der Vafþrúðnismál der Lieder-Edda.

Yggdrasil und die neun Welten

Hauptquellen sind hier die Völuspá der Lieder-Edda und die Grímnismál. Allgemein herrscht Einigkeit darüber, dass es neun Welten gegeben hat, welche es genau waren, variiert jedoch je nach Quelle.

Mimirs Kopf und Odins Auge

Dies ist eine Patchwork-Geschichte, die sich aus verschiedenen Quellen bedient.

Die Geschichte vom Brunnen der Weisheit findet sich in der der Völuspá der Lieder-Edda und in der Gylfaginning der Prosa-Edda. Die Weisheit von Mimirs Kopf stammt aus der Völuspá und dem Sigrdrífomál der Lieder-Edda, während die Geschichte von Mimir und Hönir sich in der Ynglingasaga finden lässt, dem ersten Kapitel der Heimskringla, Snorris Sammlung von Sagen über die alten norwegischen Könige.

Die Schätze der Götter
Diese Geschichte stammt aus der Skáldskaparmál der Prosa-Edda.

Der Baumeister
Eine Nacherzählung einer Geschichte aus der Gylfaginning der Prosa-Edda.

Lokis Kinder
Aus der Gylfaginning der Prosa-Edda.

Freyas ungewöhnliche Hochzeit
Die Nacherzählung einer Dichtung aus der Thrymkvida (»Lied von Thrymr«) der Lieder-Edda. Es war die erste Geschichte, die ich für dieses Buch geschrieben und die erste, die ich öffentlich vorgelesen habe. Es waren die Reaktionen des Publikums, die mich dazu gebracht haben, mit dem Projekt weiterzumachen.

Der Met der Dichter
Es war eine besonders interessante Herausforderung, diese Geschichte nachzuerzählen, da ich versuchen musste, zwei oder drei verschiedene Sagen so zusammenzusetzen, dass sie sich wie eine zusammenhängende Erzählung lesen. Die Quellen finden sich hauptsächlich in der Skáldskaparmál der Prosa-Edda und der Hávamál der Lieder-Edda.

Thors Reise ins Land der Riesen
Die Frage, die diesem Kapitel vorausging, lautet: »Ist Thor niemals jemandem begegnet, der so stark und magisch derartig mächtig gewesen ist, dass selbst er nicht dagegen ankommen konnte?« Sie wird in der Gylfaginning der Prosa-Edda beantwortet.

Die Äpfel der Unsterblichkeit
Aus der Gylfaginning der Prosa-Edda.

Die Geschichte von Gerd und Frey
Die berühmteste Version dieser Sage ist das »Lied von Skirnir« (»Skírnismál«) aus der Lieder-Edda. Hier weigert sich Gerd, Frey zu heiraten, und wird nur unter Androhung von Gewalt dazu gebracht, ihre Meinung zu ändern. Ich habe bei der Nacherzählung auf zwei Quellen zurückgegriffen, mich aber an Snorris Gylfaginning-Version in der Prosa-Edda orientiert, in der Skirnir Gerd verrät, dass Frey sie liebt. Daraufhin erklärt sie sich einverstanden, ihn zu heiraten. Mir sind Hochzeiten ohne Gewaltandrohungen lieber.

Ihr gemeinsamer Sohn Fjolnir wird in der Heimskringla von Snorris Ynglingasaga erwähnt.

ANMERKUNGEN

Der Fischzug von Hymir und Thor

Dieses Kapitel habe ich aus zwei Quellen zusammengestellt, aus der Hymiskviða der Lieder-Edda, dem »Lied von Hymir«, und der Gylfaginning der Prosa-Edda. Im Wesentlichen folgt die Geschichte der Dichtung, aber die Prosa-Fassung erzählt eine längere und (für mich) interessantere Version des Fischzuges, und in der Prosa-Edda schneidet Hymir auch die Angelschnur durch.

Tyr ist in der Prosa-Edda Odins Sohn, in der Lieder-Edda dagegen Hymirs Sohn, also entschied ich mich für einen Kompromiss und machte Hymir zu seinem Stiefvater.

Balders Tod

Snorris Gylfaginning stellt hier die Hauptquelle dar, aber es gibt noch weiterführendes Material in »Balders Traum« in der Lieder-Edda.

Lokis letzte Tage

Beim Schreiben dieses Buches habe ich mich besonders darauf gefreut, die Lokasenna, »Lokis Zankreden«, ein Gedicht aus der Lieder-Edda, neu zu erzählen. Doch als ich zu diesem Punkt kam, konzentrierte ich das Material, aus dem ich ein ganzes Kapitel machen wollte – ziemlich reumütig –, auf einen einzelnen Absatz. Es geht um das, was Loki, betrunken und besonders gehässig, den verschiedenen Göttinnen und Göttern an den Kopf wirft, um sie zu ärgern, und darum, was sie ihm erwidern, um sich zu verteidigen und zum verbalen Gegenschlag auszuholen. Es ist eine wunderschöne Dichtung, aber ich hatte das Gefühl, dass die ausführliche Nacherzählung meine Geschichte allzu sehr aus der Form gebracht hätte. Sie setzt sich aus der Lokasenna und der Gylfaginning der Prosa-Edda zusammen.

Ragnarök: Das Schicksal der Götter

Ich beendete dieses Buch in einem Haus in Hudson, New York, während des ersten winterlichen Schneesturms. In diesem Haus gab es kein WLAN (und auch kaum Mobiliar), und in der Nacht sorgte ein Stromausfall dafür, dass der erste Entwurf des Kapitels von meinem Computer verschwand. Natürlich machte mich das traurig, aber ich schrieb den Text ein zweites Mal, und mit dem Ergebnis bin ich weitaus zufriedener. Diesmal fand ich meinen Schluss bei Snorri am Ende der Gylfaginning. Snorri zitiert dabei ausgiebig aus der Völuspá der Lieder-Edda.

Anmerkung des Illustrators

Wenn mein sechzehnjähriges Ich die Nornen hätte um Rat fragen oder ein Auge hätte opfern können, um aus Mimirs Brunnen zu trinken und Wissen über die Zukunft zu erlangen, hätte ich nicht geglaubt, dass ich jemals an diesem Buch arbeiten dürfte. Sowohl Neil Gaimans Werke als auch die Mythen und Sagen der Nordischen Götter haben immer eine große Rolle in meinem Leben als Leser gespielt, und es war mehr als aufregend, eine Weile Sleipnirs Zügel in die Hand zu nehmen, um über den sturmumtosten Himmel zu galoppieren und dem Ragnarök zu trotzen.

Levi Pinfold
Oktober 2023

Photograph © Kyle Bice

Neil Gaiman

Neil Gaiman hat vielfach ausgezeichnete Bücher für Kinder und Erwachsene geschrieben. Er ist der erste Autor, der sowohl die Carnegie- als auch die Newbery-Medaille für ein und dasselbe Werk – *Das Graveyard-Buch* – gewonnen hat. Er wurde mit einem Writers for Writers Award, einem Hugo Award sowie Locus und Bram Stoker Awards prämiert. Das *Los Angeles Times Magazine* beschrieb seine millionenfach verkaufte Graphic-Novel-Serie *The Sandman* als »das größte Epos in der Geschichte der Comics«. Viele seiner Bücher, darunter *Coraline* und *Sternwanderer*, wurden verfilmt; *Good Omens*, *The Sandman* und *American Gods* wurden für das Fernsehen adaptiert. *Der Ozean am Ende der Straße* wurde vom National Theatre als Theaterstück adaptiert. *Nordische Mythen und Sagen* erschien erstmals 2017 und ist ein internationaler Bestseller.

Photograph © Carly Tia

Levi Pinfold

Levi Pinfold zeichnet schon, so lange er denken kann. Er gewann die renommierte CILIP Kate Greenaway Medaille für sein Bilderbuch *Der schwarze Hund* und die Amnesty CILIP Honour für *The Song from Somewhere Else*. Er wurde im Forest of Dean, Großbritannien, geboren und lebt heute in Queensland, Australien.